改訂版

伊東信夫 著
金子都美絵 絵

白川静文字学に学ぶ

漢字なりたちブック

1年生

太郎次郎社エディタス

この本《ほん》を読《よ》んでくれるみなさんへ

この本《ほん》は、小学校《しょうがっこう》一年生《いちねんせい》でならう漢字《かんじ》八十字《はちじゅうじ》の、なりたちと使《つか》いかたを説《せつ》明《めい》した本《ほん》です。

漢字《かんじ》は、いまから三千三百年《さんぜんさんびゃくねん》ほどまえに、中国語《ちゅうごくご》をあらわす文字《もじ》として生《う》まれ、以来《いらい》、ずっと生《い》きつづけてきた文字《もじ》です。なにしろ、三千年以上《さんぜんねんいじょう》も生《い》きつづけたのですから、とちゅうでその意味《いみ》をまちがって使《つか》ったこともあります。

しかし、ごく最近《さいきん》、日本《にほん》の漢字学者《かんじがくしゃ》である白川静博士《しらかわしずかはかせ》という人《ひと》が、漢字《かんじ》のもともとの意味《いみ》と、その使《つか》いかたを正確《せいかく》に説明《せつめい》することに成功《せいこう》し、それを、『字《じ》統《とう》』『字訓《じくん》』『字通《じつう》』（平凡社《へいぼんしゃ》）という三冊《さんさつ》の漢字字典《かんじじてん》にのこしました。この『漢《かん》字《じ》なりたちブック』は、その、白川博士《しらかわはかせ》の説明《せつめい》に学《まな》んでつくったものです。

この本《ほん》は、一年生《いちねんせい》の漢字《かんじ》を「人《ひと》」「動物《どうぶつ》」「植物《しょくぶつ》」「自然《しぜん》」……などのなかまにしてつくってあります。漢字《かんじ》のおもしろさが、ぐっとわかりやすくなるからです。

なんといっても、漢字《かんじ》のおもしろさは、ひとつひとつの文字《もじ》が、ひとつひとつのものごとをあらわしていて、しかも、なかまをもってつながりあっているというところにあります。そして、その、なかまとつながりは、漢字《かんじ》のかたちを見《み》ればわかるのです。

「木《き》・林《はやし》・森《もり》」は、木《き》のなかまの字《じ》であることが、見《み》ただけでわかりますね。「雨《あめ》・金《かね》・糸《いと》・竹《たけ》」などは、一年生《いちねんせい》の漢字《かんじ》のなかではひとりぼっちですが、多《おお》くのなかまをもつ字《じ》です。

「手《て》・水《みず》・力《ちから》」なども、すこしかたちを変《か》えたりもしますが、たくさんのなかまをつくります。

二年生《にねんせい》、三年生《さんねんせい》、四年生《よねんせい》……とすすむにつれて、そのつながりが見《み》えてきます。これから、漢字《かんじ》の勉強《べんきょう》がたのしみですね。

この本《ほん》は、ぜひ、おとうさん、おかあさん、先生《せんせい》がたも見《み》てください。おじいさん、おばあさんも、いっしょにごらんください。

さあ、三千年《さんぜんねん》も生《い》きてきた、漢字《かんじ》の世界《せかい》へでかけましょう。

伊東信夫《いとうしのぶ》

1 人《ひと》や人《ひと》のからだをあらわすかん字《じ》

2 生《い》きものをあらわすかん字《じ》

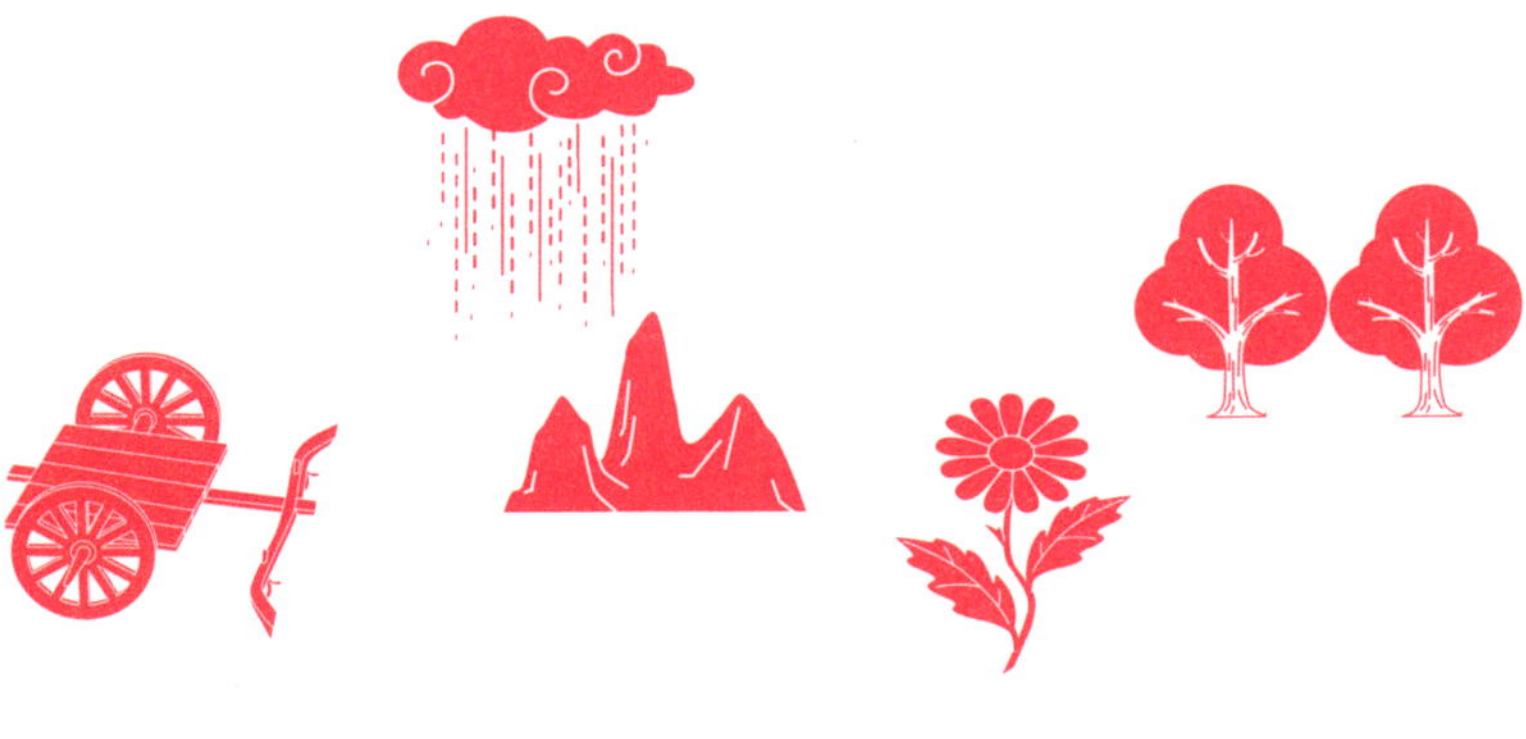

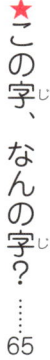

＊本書の「むかしのかん字」は、白川静『新訂 字統』を参考に、金子都美絵がかきおこしたものです。甲骨文字・金文を中心に、絵から楷書へのつながりが理解しやすいものをえらんでいます。

小《しょう》学《がっ》校《こう》1年《ねん》生《せい》でならうかん字《じ》（80字《じ》）

一 右 雨 円 王 音 下 火 花 貝

学 気 九 休 玉 金 空 月 犬 見

五 口 校 左 三 山 子 四 糸 字

耳 七 車 手 十 出 女 小 上 森

人 水 正 生 青 夕 石 赤 千 川

先 早 草 足 村 大 男 竹 中 虫

町 天 田 土 二 日 入 年 白 八

百 文 木 本 名 目 立 力 林 六

おとなの方へ

☆この本には、小学校学習指導要領（国語）にもとづく1年生の配当漢字80字がおさめられています。

☆この1年生版は、はじめて漢字と出会う子どものために、漢字の「なかま」で章立てしています。巻末に50音順の音訓索引があります。

☆大きな見出し字についている訓読み・音読みのうち、（　）内は中学校でならう読み方です。

☆この改訂版ではコラムの一部を新しくし、いくつかの文字について読みの用例を増やしました。より楽しく深くわかるよう工夫を加えました。

この本《ほん》の見方《みかた》

★くんよみ

★主役《しゅやく》のかん字《じ》

★おんよみ

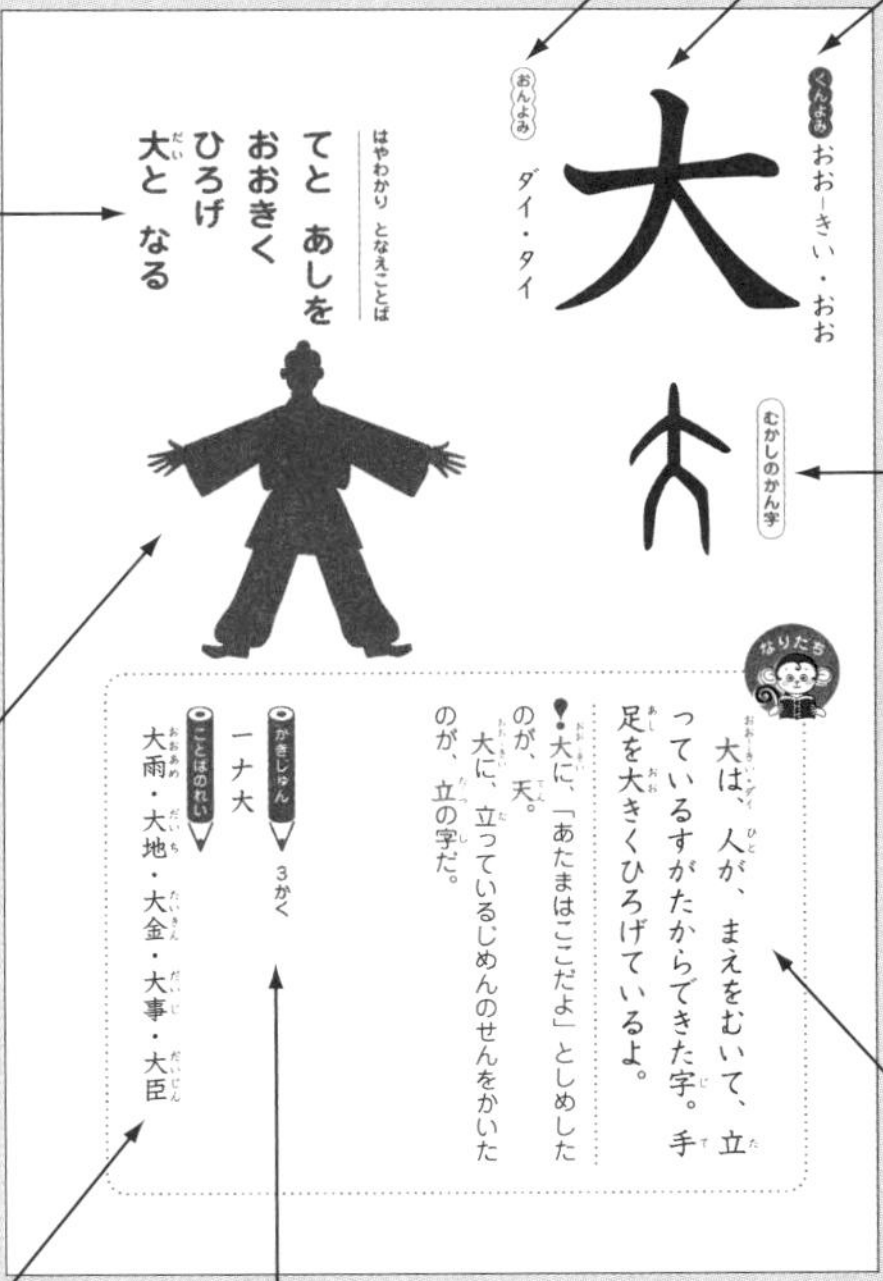

★むかしのかん字《じ》

えのようにかいた、むかしのかん字《じ》。えと、いまのかん字《じ》とのあいだのかたち。

★はやわかり　となえことば

なりたちをラクラクおぼえられるよ。こえにだしてみよう。

★え

かん字《じ》のもとになった、かたちやようすをあらわしているよ。

★なりたち

そのかん字《じ》のなりたちをせつめいしているよ。

❗マークのところは、つながりのある字《じ》のせつめいや、しっているとやくにたつこと。

★かくすう

★かきじゅん

★ことばのれい

そのかん字《じ》がつかわれていることば。

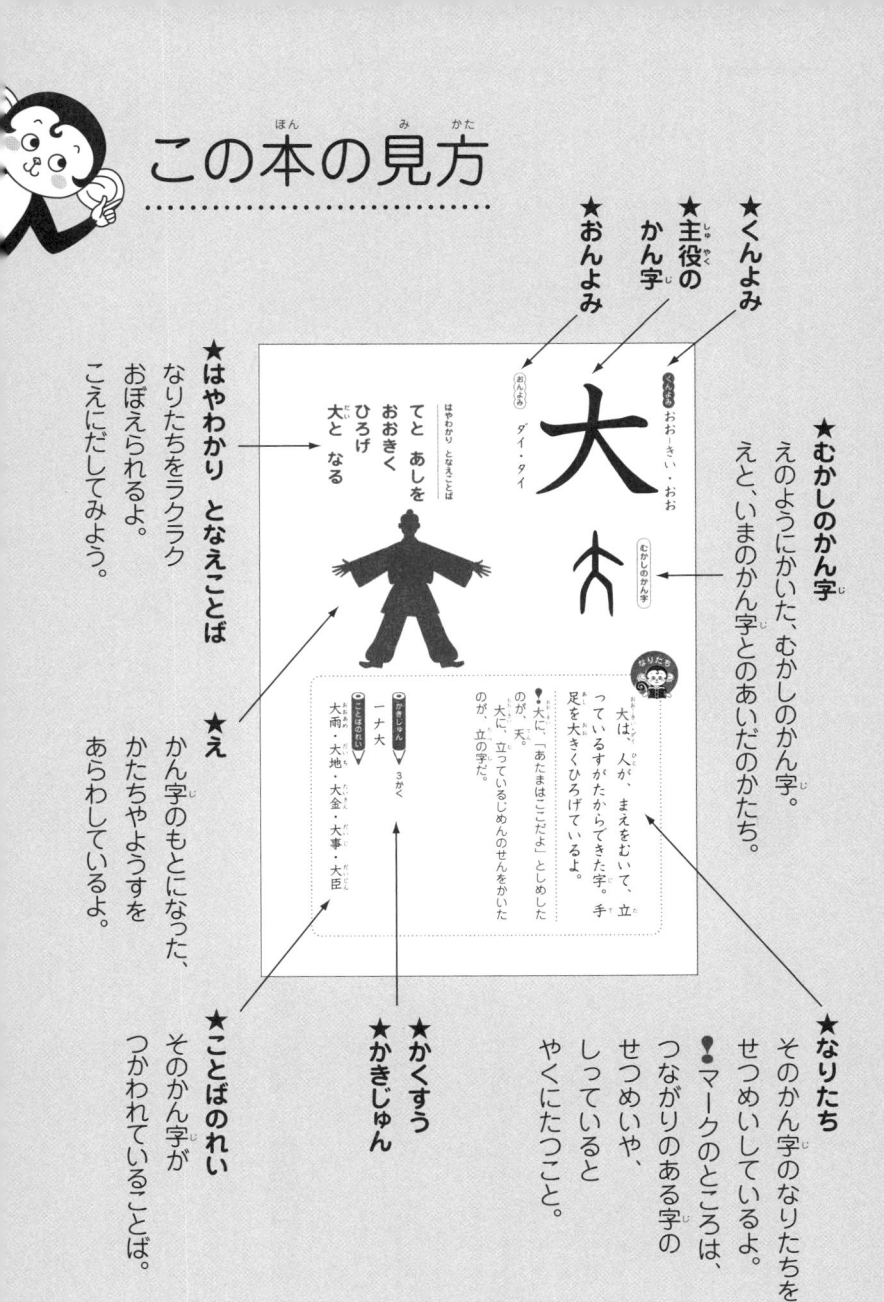

かん字《じ》は えから できたんだ！

人《ひと》や ものや
生《い》きものなどの かたちを
えの ように かいたのが、
かん字《じ》の はじまり。
それが、だんだんと
かたちを かえて、
まがった せんが
まっすぐに なって、
いまの かん字《じ》に
なったんだ。

むかしのかん字 → いまのかん字

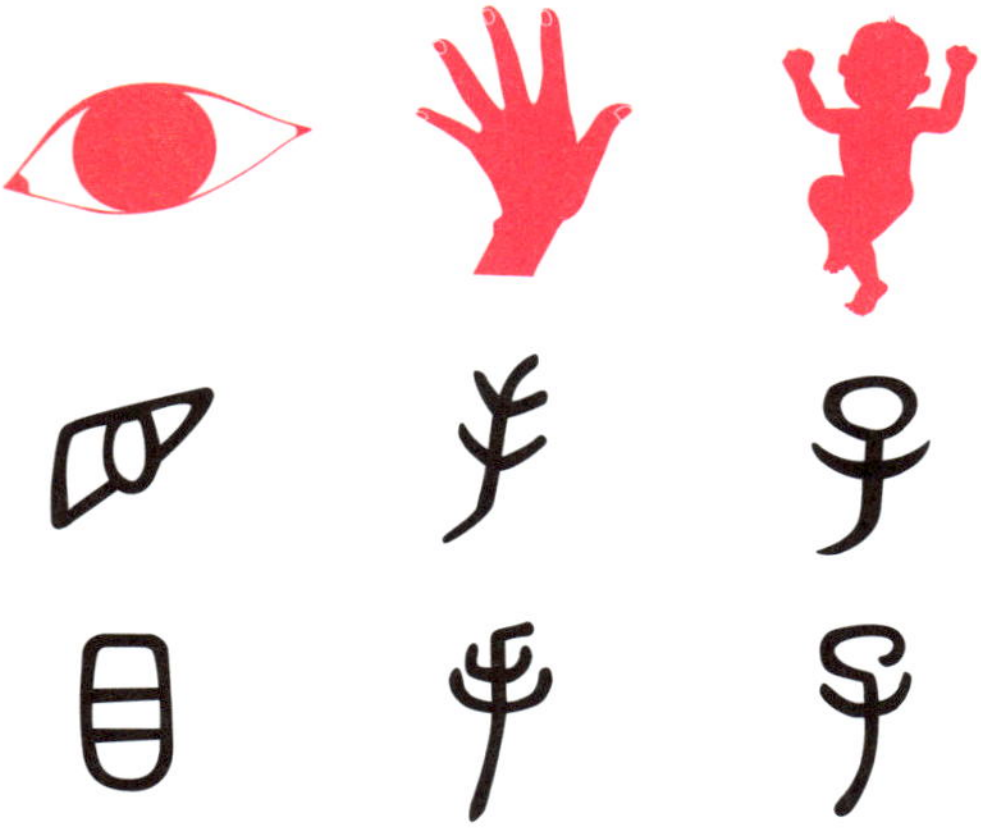

子《こ》　手《て》　目《め》

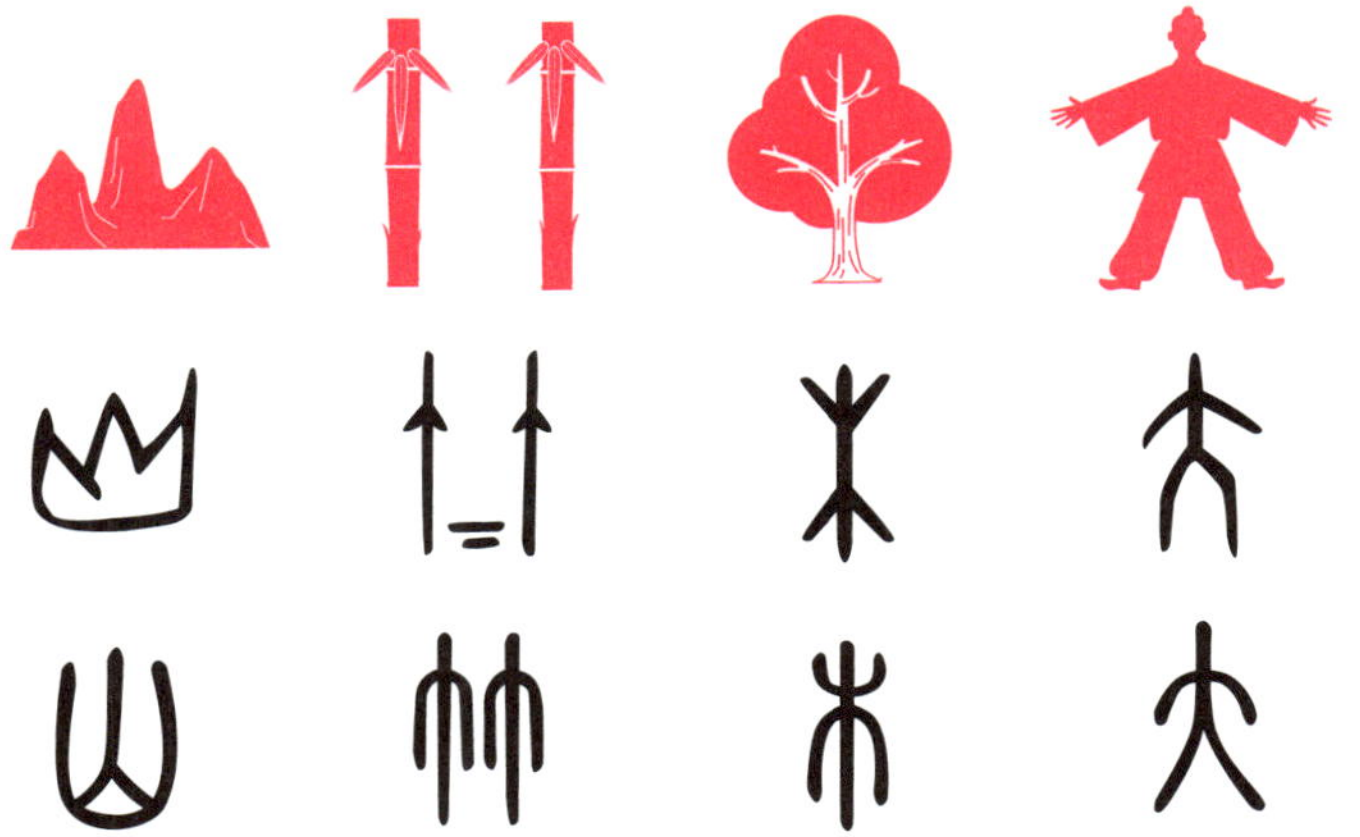

むかしのかん字
↓
いまのかん字

山《やま》　竹《たけ》　木《き》　大《おお-きい》

むかしのかん字
↓
いまのかん字

火《ひ》　雨《あめ》　川《かわ》　月《つき》

1

人《ひと》や人《ひと》のからだをあらわすかん字《じ》

耳
目
口
手
足

くんよみ

ひと

人

おんよみ

ジン・ニン

むかしのかん字

はやわかり　となえことば

よこ　むいて
人《ひと》が　たってる
かたちだよ

なりたち

人《ひと・ジン》は、よこむきに立《た》った「ひと」のすがたからできた字《じ》。むかしのかん字《じ》を見《み》ると、それがわかるよ。

かきじゅん

ノ人

2かく

ことばのれい

人《ひと》びと・人里《ひとざと》・人口《じんこう》・人生《じんせい》・名人《めいじん》・老人《ろうじん》・人間《にんげん》・人数《にんずう》・人形《にんぎょう》

くんよみ こ

子

おんよみ シ・ス

はやわかり となえことば

てを ひろげ
あたまの おおきい
子《こ》どもだよ

むかしのかん字

なりたち

子《こ・シ》は、手《て》をひろげた、おさない「こども」のすがたからできた字《じ》。まだおおむつをしている、あかちゃんだ。

むかしのかん字《じ》からも、大《おお》きなあたまと、ひろげた手《て》が、よくわかるね。

かきじゅん

ㇷ 了 子

3かく

ことばのれい

子《こ》ども・親子《おやこ》・年子《としご》・男子《だんし》・女子《じょし》・調子《ちょうし》・王子《おうじ》・子孫《しそん》・様子《ようす》

くんよみ

口

くち

おんよみ

コウ・ク

むかしのかん字

はやわかり　となえことば

はなす 口《くち》
いのりの ことばを
いれる 𠙵《サイ》

なりたち

口《くち・コウ》は、「くち」のことだね。

この字《じ》は、もうひとつ、だいじないみをあらわすかたちなんだ。

おおむかし、神《かみ》にねがいごとをするとき、おいのりのことばをかいて、うつわに入《い》れた。ふたのあるそのうつわを、口（𠙵《サイ》）とよぶよ。

かきじゅん

丨 ⼌ 口

3かく

ことばのれい

口数《くちかず》・口《くち》ぐせ・早口《はやくち》・入《い》り口《ぐち》・出口《でぐち》・口座《こうざ》・人口《じんこう》・火口《かこう》・口調《くちょう》

くんよみ　め

目

おんよみ　モク

むかしのかん字

はやわかり　となえことば

まるいのに
いつか
しかくに
かわった
目《め》

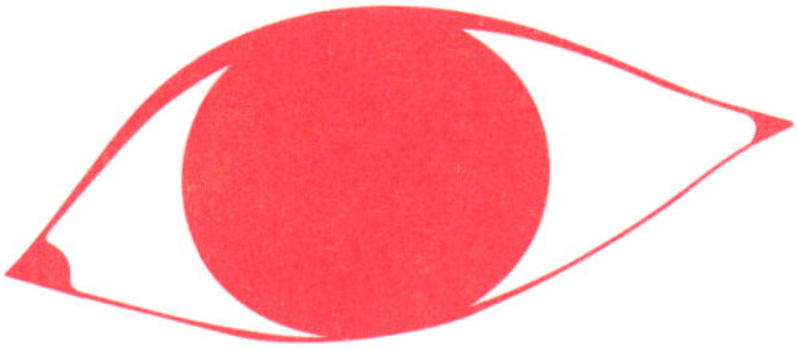

なりたち

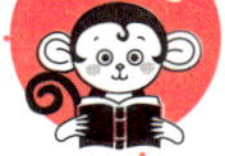

目《め・モク》は、人《ひと》の「め」からできた字《じ》。むかしのかん字《じ》（）を見《み》れば、それがよくわかるね。

！目《め》は、とてもだいじなものだから、いろいろなかん字《じ》のなかに、つかわれている。人《ひと》の上《うえ》に目《め》を大《おお》きくかいたかたちが見《みーる》。しっかりものを見《み》ぬくのが、省《ショウ》や直《チョク》の字《じ》だ。

かきじゅん　5かく

丨 冂 冃 月 目

ことばのれい

目玉《めだま》・目頭《めがしら》・目薬《めぐすり》・人目《ひとめ》・役目《やくめ》・目次《もくじ》・目標《もくひょう》・科目《かもく》・注目《ちゅうもく》

くんよみ みみ

おんよみ （ジ）

耳

むかしのかん字

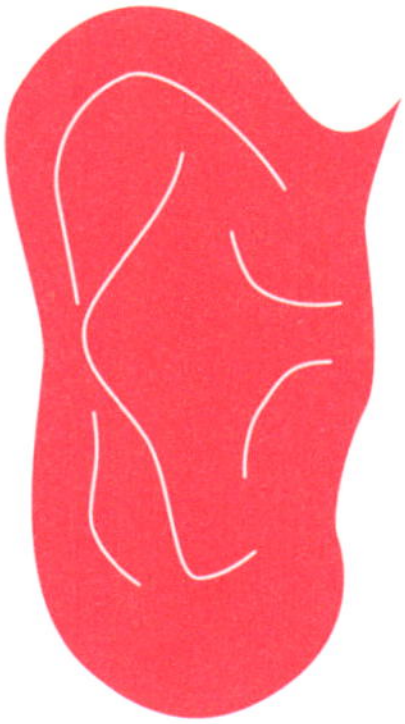

はやわかり となえことば

ものを きく
耳《みみ》は あたまの
りょうがわに

なりたち

耳《みみ》は、人《ひと》の「みみ」のかたちからできた字《じ》。耳《みみ》は、目《め》とともに、むかしから、とてもだいじなものとされた。

耳《みみ》のいい人《ひと》は、ふつうには聞《き》こえないものを、聞《き》くことができると、おもわれていたんだ。

だから、「聖者《せいじゃ》」の聖《せい》の字《じ》には、耳《みみ》がついている。

かきじゅん 6かく

ことばのれい

耳鳴《みみな》り・空耳《そらみみ》・初耳《はつみみ》・耳鼻科《じびか》

くんよみ て

おんよみ シュ

手

むかしのかん字

はやわかり となえことば

ごほんゆび
ぱっと
ひらいた
手《て》の かたち

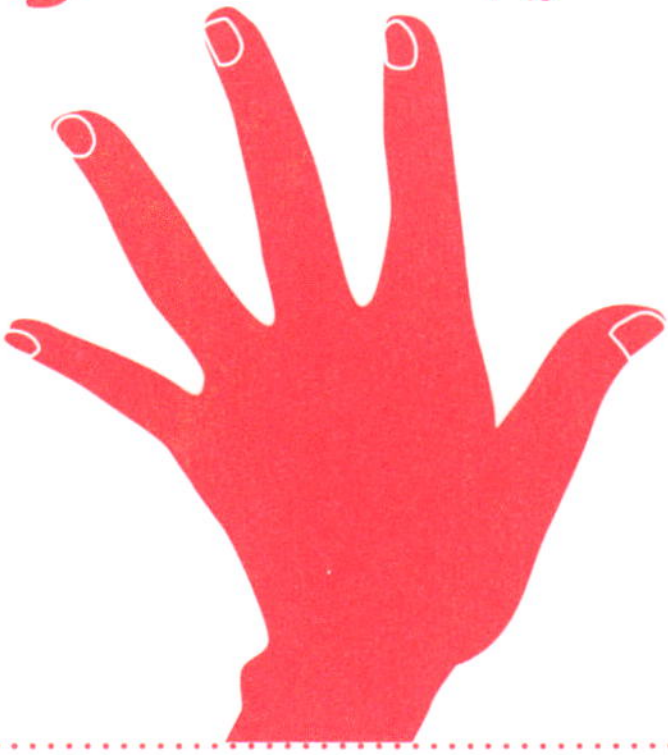

なりたち

手《て・シュ》は、五本《ごほん》のゆびをひらいた「て」のかたちからできた字《じ》だよ。

！かん字《じ》には、手《て》のほかにも、手《て》をあらわすかたちがある。ものをにぎったり、つまんだりする手《て》は、又《また・ユウ》（）のかたちであらわしたんだ。

かきじゅん

ノ 二 三 手

4かく

ことばのれい

手足《てあし》・手紙《てがみ》・手本《てほん》・空手《からて》・相手《あいて》・手話《しゅわ》・手動《しゅどう》・歌手《かしゅ》・投手《とうしゅ》

足

くんよみ
あし
た-す・た-りる

おんよみ
ソク

むかしのかん字

はやわかり　となえことば

あしがたと
ひざの
さらから
できた　足《あし》

なりたち

足《あし・ソク》は、「あし」のかたちからできた字《じ》。

むかしのかん字《じ》を見《み》てごらん。の、上《うえ》の○は、ひざのさら。下《した》のは、あしあとのかたちで、足《あし》のさきのほうをあらわしている。

そのふたつで「あし」をあらわしたのが、足《あし》の字《じ》だ。

かきじゅん　7かく

ことばのれい

足音《あしおと》・足首《あしくび》・足《た》し算《ざん》・土足《どそく》・遠足《えんそく》

くんよみ

ちから

力

おんよみ

リョク・リキ

はやわかり　となえことば

すきを　もち
力《ちから》を　こめて
つちを　ほる

むかしのかん字

なりたち

田《た》んぼや畑《はたけ》をたがやす、「すき」というどうぐを知《し》っているかな。力《ちから・リョク》は、その「すき」のかたちからできた字《じ》だ。

それが、「ちから」といういみにつかわれるようになったんだ。

かきじゅん

フカ

2かく

ことばのれい

力持《ちからも》ち・力《ちから》いっぱい・体力《たいりょく》・引力《いんりょく》・電力《でんりょく》・力作《りきさく》・力走《りきそう》・馬力《ばりき》

くんよみ

おとこ

男

おんよみ

ダン・ナン

はやわかり　となえことば

田《た》と　力《ちから》
あわせて
できた
男《おとこ》の　じ

むかしのかん字

なりたち

男《おとこ・ダン》は、田《た》と力《ちから》とをあわせた字《じ》。力《ちから》は、田畑《たはた》をたがやすどうぐの「すき」のかたち。

男《おとこ》は、さいしょ、田《た》んぼではたらく人《ひと》や、田畑《たはた》のしごとをとりしまる人《ひと》をあらわしていた。

それが、やがて、「男女《だんじょ》」の男《おとこ》につかわれるようになったんだ。

かきじゅん

7かく

ことばのれい

男親《おとこおや》・男前《おとこまえ》・年男《としおとこ》・男子《だんし》・男性《だんせい》・長男《ちょうなん》・次男《じなん》

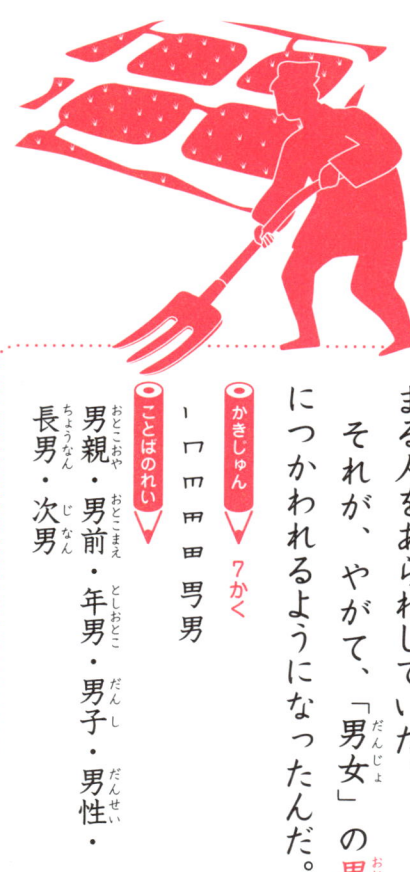

女

くんよみ　おんな・（め）

おんよみ　ジョ・（ニョ）

むかしのかん字

はやわかり　となえことば

てを　くんで　すわる　すがたの　女《おんな》の　じ

なりたち

おんなの人《ひと》が、すわって、まえで手《て》をくんでいる。女《おんな・ジョ》は、そのすがたからできた字《じ》だ。

！この女《おんな》の字《じ》と、母《はは》の字《じ》を、むかしのかん字《じ》でくらべてみよう。女《おんな》は。母《はは》は。女《おんな》の字《じ》に、二《ふた》つのおっぱいをつけたかたちが、母《はは》なんだね。

かきじゅん

く 女 女

3かく

ことばのれい

女親《おんなおや》・女手《おんなで》・女神《めがみ》・女子《じょし》・女性《じょせい》・少女《しょうじょ》・男女《だんじょ》・女人《にょにん》

くんよみ

王

おんよみ

オウ

むかしのかん字

はやわかり　となえことば

まさかりの
はを
したに　した
王《おう》の　もじ

なりたち

おおむかしの中国《ちゅうごく》では、王《おう》さまのえらさをあらわすのに、大《おお》きなまさかりの刃《は》をつかったんだ。
王《おう》の字《じ》は、そのまさかりの刃《は》を、下《した》にむけたかたちからできている。

かきじゅん

一　丅　干　王

4かく

ことばのれい

王手《おうて》・王者《おうじゃ》・王道《おうどう》・国王《こくおう》・女王《じょおう》

ひとつの画《かく》は ひといきで かくんだよ

たてせん　かくかぎ　よこせん

口《くち》

3かく

ななめかぎ　ななめせん

力《ちから》

2かく

ななめかぎ　てかぎ　よこせん

子《こ》

3かく

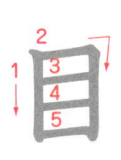

1 たてせん
2 かくかぎ
3 よこせん
4 よこせん
5 よこせん

目《め》

5かく

1 ななめせん
2 よこせん
3 よこせん
4 てかぎ

手《て》

4かく

1 くのじ
2 ななめせん
3 よこせん

女《おんな》

3かく

2

生《い》きものを あらわす かん字《じ》

★「牛《うし》」「馬《うま》」「魚《さかな》」は２年生《ねんせい》でならうかん字《じ》

くんよみ

犬

いぬ

おんよみ

ケン

むかしのかん字

はやわかり　となえことば

むかしから
ひとの
ともだち
けものが　犬《いぬ》

なりたち

犬《いぬ・ケン》は、「イヌ」のすがたからできた字《じ》。

いまの犬《いぬ》の字《じ》からは、よくわからないけれど、むかしのかん字《じ》を見《み》たら、「やっぱりイヌだ！」と、なっとくするだろう。

何千年《なんぜんねん》もまえから、犬《いぬ》は、人間《にんげん》のそばにいたんだよ。

かきじゅん　4かく

一ナ大犬

ことばのれい

子犬《こいぬ》・負《ま》け犬《いぬ》・犬歯《けんし》・番犬《ばんけん》・野犬《やけん》

くんよみ

かい

貝

おんよみ

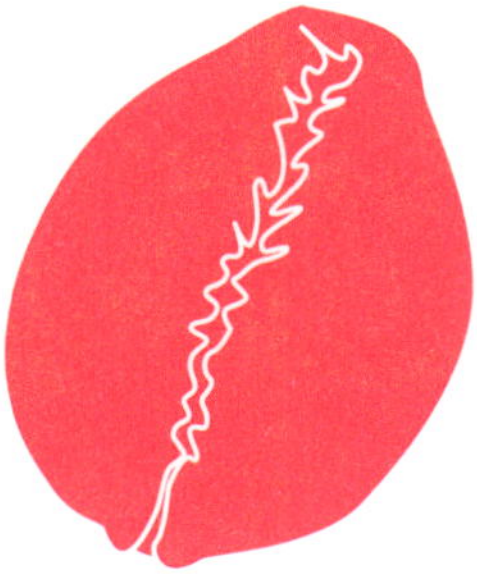

むかしのかん字

はやわかり　となえことば

うつくしい
貝《かい》は
おかねに
つかわれた

なりたち

貝《かい》は、子安貝《こやすがい》という、うつくしい「かい」のかたちからできた字《じ》。むかし、この貝《かい》は、宝石《ほうせき》やお金《かね》のように、だいじなものだった。そして、貝《かい》には、わるいものをよせつけない力《ちから》があると、かんがえられていたんだ。

かきじゅん　7かく

ことばのれい

貝柱《かいばしら》・貝塚《かいづか》・赤貝《あかがい》

くんよみ　むし

虫

おんよみ　チュウ

むかしのかん字

（蟲）

はやわかり　となえことば

まむし　ながむし
へびの　こと
むかしは　どれも
みんな　虫《むし》

なりたち

虫《むし・チュウ》という字《じ》は、もともとは、蟲とかいた。へびが三《さん》びき、あつまったかたちだ。
これで、へびだけでなく、たくさんの「むし」がいるようすをあらわした。

かきじゅん
丶 冂 口 中 虫 虫
6かく

ことばのれい
虫歯《むしば》・毛虫《けむし》・弱虫《よわむし》・幼虫《ようちゅう》・昆虫《こんちゅう》

正面《しょうめん》をむいて立《た》っている

手足《てあし》をひろげて

100ページ

大

おお―きい

あたまのてっぺん

88ページ

天

テン

じめんのうえに

92ページ

立

た―つ

どれも、正面《しょうめん》をむいて立《た》つ人《ひと》のすがたからできた文字《もじ》だよ。

むねにまよけのもよう

116ページ

文

ブン

足《あし》をこうささせて

二年生《にねんせい》でならう字《じ》

交

まじ―わる

3

草《くさ》や木《き》のなかまを
あらわすかん字《じ》

竹
草

木

くんよみ
き・こ

おんよみ
ボク・モク

むかしのかん字

はやわかり　となえことば

みきが　のび
えだに
わかれた
木《き》の　かたち

なりたち

木《き・ボク》は、「き」のかたちをあらわした字《じ》。
木《き》にはいろいろあるけれど、どの木《き》にも、「みき」と「えだ」と「ねっこ」があるね。

かきじゅん
一十才木
4かく

ことばのれい
木戸《きど》・植木《うえき》・木《こ》の実《み》・木刀《ぼくとう》・土木《どぼく》・木曜《もくよう》・木星《もくせい》・材木《ざいもく》

林

くんよみ　はやし

おんよみ　リン

はやわかり　となえことば

たくさんの　木《き》の　ある　ところが　林《はやし》だよ

むかしのかん字

林《はやし・リン》は、木《き》を二《ふた》つならべたかたち。「はやし」というのは、木《き》がたくさんはえているところだね。おなじ木《き》のかたちを二《ふた》つならべてかくことで、木《き》がたくさんあることを、あらわしているんだよ。

かきじゅん　8かく

一 十 才 木 木 村 材 林

ことばのれい

雑木林《ぞうきばやし》・林間学校《りんかんがっこう》・林道《りんどう》・山林《さんりん》

森

くんよみ　もり

おんよみ　シン

むかしのかん字

はやわかり　となえことば

みっつの　木《き》
かいて
あらわす
森《もり》の　もじ

なりたち

二《ふた》つの木《き》をかいた林《はやし》は、木《き》がたくさんあるところ。木《き》が三《みっ》つあつまった森《もり・シン》は、かぞえきれないほど、おおくの木《き》があるところ。

かきじゅん　12かく

（12画の筆順）

ことばのれい

森林《しんりん》・森羅万象《しんらばんしょう》

くんよみ　たけ

竹

おんよみ　チク

むかしのかん字

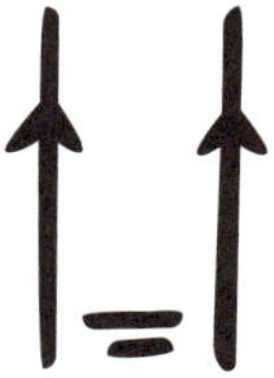

はやわかり　となえことば

竹《たけ》 にほん　ならんで　たってる　かたちだよ

なりたち

竹《たけ・チク》の、むかしのかん字《じ》を見《み》てごらん。葉《は》が、下《した》にたれているかたちだね。「たけ」は、木《き》とちがって、ふゆでも葉《は》をおとさないんだ。
そして、「たけ」は、一本《いっぽん》だけでなく、地中《ちちゅう》でつながって、いっしょにたくさんはえる。それで、竹《たけ》は、二本《にほん》ならんでいるかたちなんだよ。

かきじゅん　6かく

ノ 𠂉 ケ ケ丿 ⺮ 竹

ことばのれい

竹《たけ》の子《こ》・竹《たけ》やぶ・竹林《ちくりん》・松竹梅《しょうちくばい》

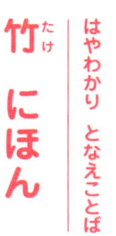

くんよみ　くさ

草

おんよみ　ソウ

むかしのかん字

はやわかり　となえことば

くさかんむりは
草《くさ》の　いみ
早《そう》は　ソウと
おとを
あらわす

なりたち

もともと、「くさ」をあらわすのは艸《（ソウ）》という字《じ》だった。ところが、艸《（ソウ）》は、艹（くさかんむり）のかたちになって、花《はな》・苦《にが-い》・薬《くすり》などの字《じ》をつくるのにつかわれた。

そこで、「くさ」をあらわすのに、草《くさ・ソウ》とかくことにしたんだ。

かきじゅん　9かく

一　十　卄　艹　芇　苩　苩　荁　草

ことばのれい

草花《くさばな》・草《くさ》むら・草分《くさわ》け・道草《みちくさ》・草原《そうげん》・草食《そうしょく》・野草《やそう》・雑草《ざっそう》

花

くんよみ　はな

おんよみ　カ

むかしのかん字

はやわかり　となえことば

花《はな》は　やっぱり
のに　さく
はなよ

なりたち

花《はな・カ》は、「くさばな」や、木《き》にさく「はな」をあらわす字《じ》だね。

むかしは、のはらにさく草花《くさばな》をあらわすのに、華《はな・カ》という字《じ》をつかっていた。

花《はな・カ》の艹（くさかんむり）は、草《くさ》や木《き》をあらわし、化《カ》は「カ」という、音《おん》よみの音《おん》をあらわしているよ。

かきじゅん　7かく

一 十 艹 艹 芢 芲 花

ことばのれい

花火《はなび》・花見《はなみ》・花粉《かふん》・花《か》だん・開花《かいか》

4 しぜんやばしょをあらわすかん字《じ》

日
山
火
川

くんよみ　やま

山

おんよみ　サン

むかしのかん字

はやわかり　となえことば

さんかくの
てっぺん
とがった
たかい　山《やま》

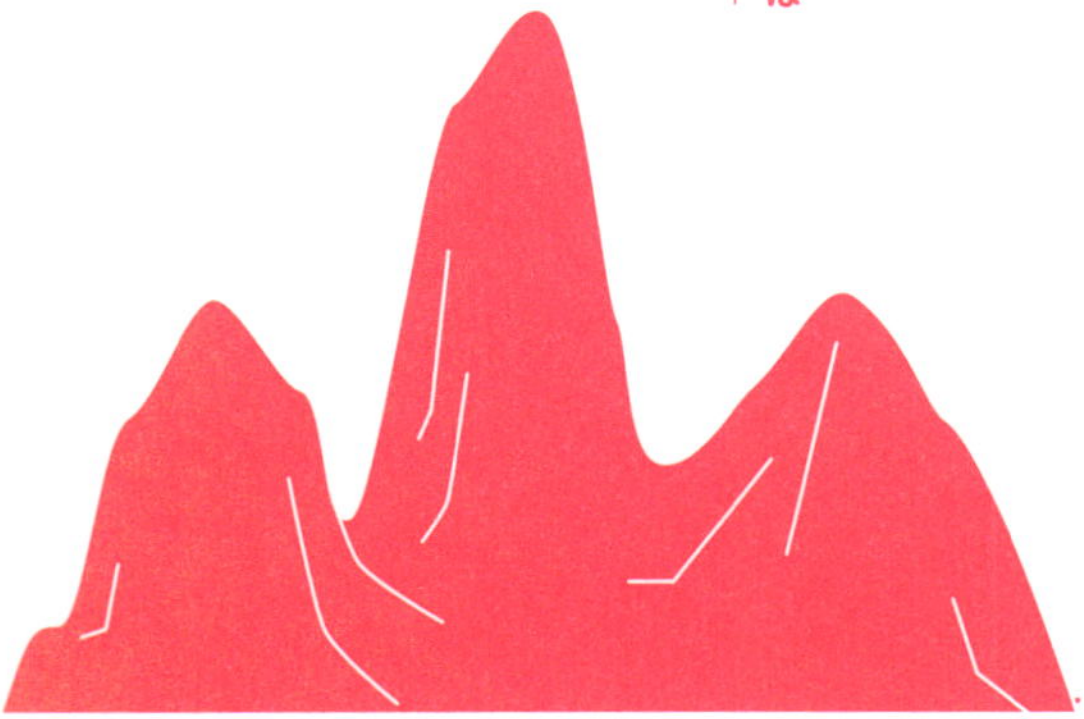

なりたち

山《やま・サン》は、たかい「やま」が、いくつもつらなっているようすからできた字《じ》。
富士山《ふじさん》のように、ぽつんとひとつだけたかい山《やま》は、あまりなくて、だいたいが、うねうねとつづいている。そして、山《やま》のふもとの地《じ》べたは、地球《ちきゅう》につながっている。
それが、山《やま》の字《じ》なんだね。

かきじゅん

丨 山 山

3かく

ことばのれい

山国《やまぐに》・山場《やまば》・雪山《ゆきやま》・山菜《さんさい》・火山《かざん》

くんよみ　あめ・あま

雨

おんよみ　ウ

むかしのかん字

はやわかり　となえことば

くもが　でて
ぽつぽつ
ふりだす
雨《あめ》の　もじ

なりたち

雨《あめ・ウ》は、くもから「あめ」がふっているようすをあらわした字《じ》。「てん、てん、てん、てん」が、雨《あま》つぶだ。

かきじゅん

一 厂 冂 币 币 雨 雨 雨

8かく

ことばのれい

大雨《おおあめ》・通《とお》り雨《あめ》・雨音《あまおと》・雨雲《あまぐも》・雨天《うてん》・雨期《うき》・風雨《ふうう》

くんよみ みず

水

おんよみ スイ

むかしのかん字

はやわかり となえことば

かわの なか
たえる ことなく
ながれる 水《みず》だ

なりたち

「みず」は、いろいろなかたちにすがたを変《か》える。さて、「みず」の字《じ》は、どんなかたちにつくろうかと、かん字《じ》をつくった人《ひと》びとは、かんがえた。

そして、水《みず・スイ》の字《じ》は、川《かわ》のなかを水《みず》がながれるようすをあらわしたかたちになった。

かきじゅん 4かく

亅 オ 才 水

ことばのれい

水色《みずいろ》・水着《みずぎ》・雨水《あまみず》・水車《すいしゃ》・水道《すいどう》・水曜《すいよう》・下水《げすい》・海水《かいすい》

くんよみ

川

かわ

おんよみ

（セン）

むかしのかん字

はやわかり　となえことば

うねうねと
みずが　ながれる
さんぼんの　川《かわ》

なりたち

「かわ」は、土地《とち》のかたちにそって、まがりくねってながれる。そして、両《りょう》がわに岸《きし》があって、なかを水《みず》がながれている。

それをあらわしたのが、川《かわ》の字《じ》だ。

かきじゅん　3かく

丿　丿丨　川

ことばのれい

川上《かわかみ》・川下《かわしも》・川岸《かわぎし》・小川《おがわ》・谷川《たにがわ》・河川《かせん》

くんよみ　つち

土

おんよみ　ド・ト

むかしのかん字

はやわかり　となえことば

土《つち》の　かみ
くさの
いのちを
そだてます

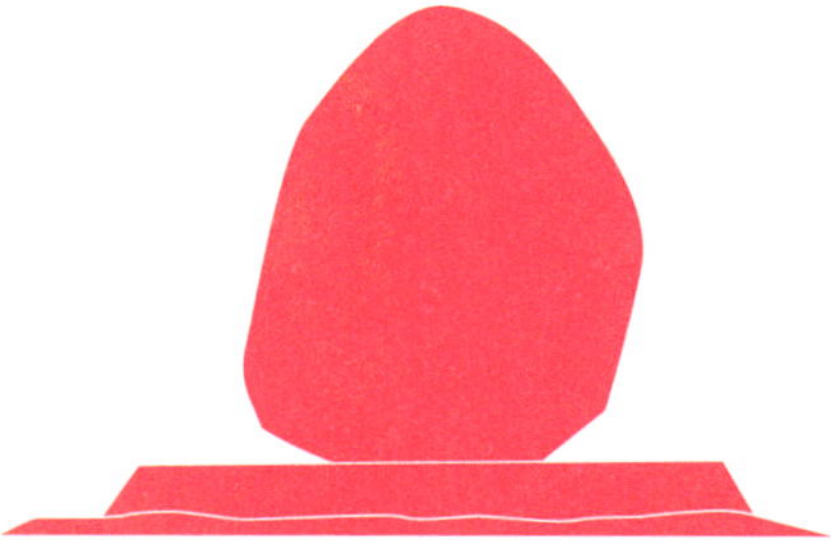

なりたち

土《つち・ド》のなりたちは、つちをまるめて、台《だい》の上《うえ》にかざって、その土地《とち》のまもり神《がみ》としたもの。
それが、やがて、地面《じめん》の「つち」のいみにつかわれるようになった。

！土地《とち》のまもり神《がみ》は、社《やしろ・シャ》とかくようになったんだよ。

かきじゅん
一 十 土
3かく

ことばのれい
土《つち》ふまず・赤土《あかつち》・土足《どそく》・土台《どだい》・風土《ふうど》・ねん土《ど》・土地《とち》

くんよみ
いし

石

おんよみ
セキ・シャク

むかしのかん字

はやわかり となえことば

がけの した
かみの いどころ
石《いし》の もじ

なりたち

岩《いわ》はだがむきだしになった「がけ」。人間《にんげん》は、なかなか近《ちか》づけないばしょ。そんなところに、むかしの人《ひと》びとは、神《かみ》をまつった。石《いし・セキ》の字《じ》は、そういうところをあらわしている。

むかしのかん字《じ》の厂はがけで、𠙵《サイ》は、神《かみ》をまつるしるし。

かきじゅん 5かく

一 丆 不 石 石

ことばのれい

石頭《いしあたま》・小石《こいし》・石器《せっき》・石《せっ》けん・化石《かせき》・岩石《がんせき》・磁石《じしゃく》

くんよみ　た

田

おんよみ　デン

むかしのかん字

はやわかり　となえことば

あぜみちで
しかくく
くぎる
こめを　つくる
田《た》

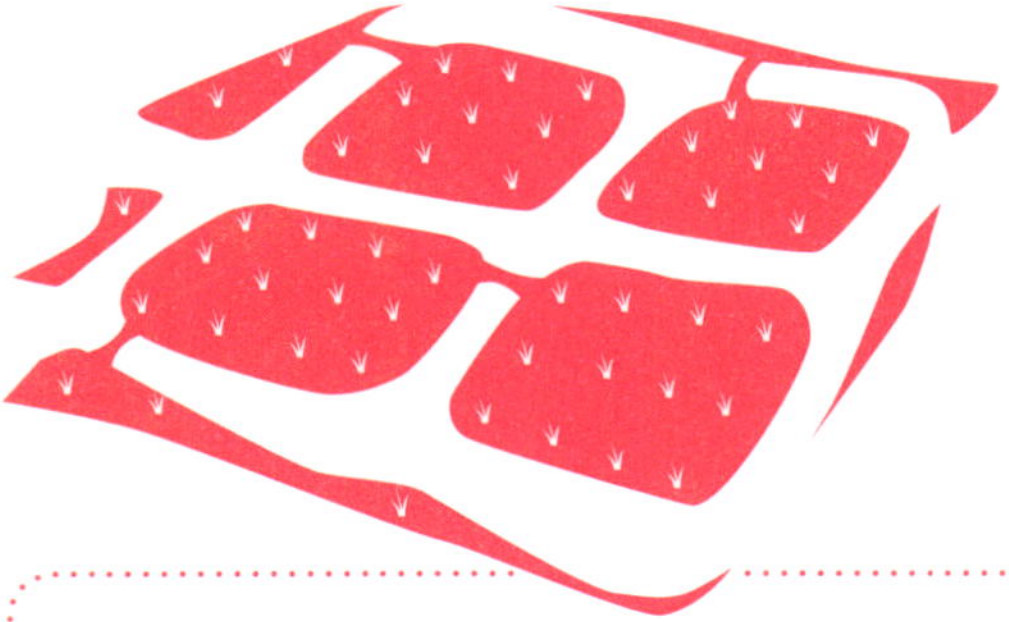

なりたち

田《た・デン》は、しかくくぎられた、田《た》んぼや畑《はたけ》のかたちからできた字《じ》。きちんとたがやして、たべるためのいろいろな作物《さくもつ》をそだてるところをあらわしている。
日本《にほん》で田《た》といえば、水《みず》をはって、イネをうえて、お米《こめ》をつくるところだね。

かきじゅん

丨 冂 冂 田 田

5かく

ことばのれい

田畑《たはた》・田植《たう》え・田園《でんえん》・水田《すいでん》・油田《ゆでん》

火

くんよみ ひ

おんよみ カ

むかしのかん字

はやわかり となえことば

**ぼうぼうと
もえて
火《ひ》のこが
てんてんと**

なりたち

火《ひ・カ》の字《じ》は、ぼうぼうと、ほのおをあげて、もえている「ひ」のかたちからできた。火《ひ》には、わるいものをやきはらい、きよめる力《ちから》があると、かんがえられていたんだ。

かきじゅん 4かく

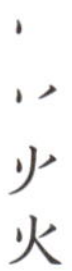

ことばのれい

火花《ひばな》・火《ひ》の気《け》・口火《くちび》・火山《かざん》・火事《かじ》・火曜《かよう》・消火《しょうか》

くんよみ　ひ・か

日

おんよみ　ニチ・ジツ

むかしのかん字

はやわかり　となえことば

あおい　そら
まるく
まぶしく
かがやく
日《ひ》

なりたち

日《ひ・ニチ》は、太陽《たいよう》のかたちからできた字《じ》。空《そら》にひとつだけ、かがやいている、おひさまだ。

かきじゅん　4かく

丨 冂 日 日

ことばのれい

日《ひ》の出《で》・日帰《ひがえ》り・夕日《ゆうひ》・二日《ふつか》・日時《にちじ》・日直《にっちょく》・元日《がんじつ》・休日《きゅうじつ》

くんよみ

月

つき

おんよみ

ゲツ・ガツ

はやわかり となえことば

そらに でた
みかづきの
かたち
お月《つき》さま

むかしのかん字

なりたち

月《つき・ゲツ》は、みかづきのかたちからできた字《じ》。まるい月《つき》ではなくて、どうして、みかづきなんだろう？

太陽《たいよう》は、いつでもまるいけれど、月《つき》は、みちたり、かけたりする。太陽《たいよう》と月《つき》をくらべてあらわしたから、月《つき》は、みかづきのかたちなんだ。

かきじゅん

丿 冂 月 月

4かく

ことばのれい

月日《つきひ》・月夜《つきよ》・毎月《まいつき》・月曜《げつよう》・月光《げっこう》・来月《らいげつ》・四月《しがつ》・正月《しょうがつ》

くんよみ

夕

ゆう

おんよみ

むかしのかん字

はやわかり　となえことば

ゆうがたの
つきを
あらわす
夕《ゆう》の　もじ

夕《ゆう》ぐれの空《そら》に、しずかに出《で》るみかづき。「ゆうがた」の夕《ゆう》の字《じ》は、そのかたちからできた。

❗あわせかん字《じ》のなかに夕《ゆう》のかたちがあるとき
夕《ゆう》は、月《つき》ではなくて、きった肉《にく》をあらわすことがおおいよ。
名《な》・外《そと》・多《おおーい》などがそうだ。

かきじゅん

ノクタ

3かく

ことばのれい

夕方《ゆうがた》・夕日《ゆうひ》・夕食《ゆうしょく》・朝夕《あさゆう》・七夕《たなばた》

くんよみ

空

そら・から
あ－く

おんよみ

クウ

むかしのかん字

はやわかり となえことば

ぽっかり
あいた
あなの ように
ひろがる 空《そら》

なりたち

空《そら・クウ》は、穴（あなかんむり）と工《コウ》からできている字《じ》。

工《コウ》は、ものをつくるどうぐのかたちだけど、ドームのような、弓《ゆみ》なりのかたちをあらわすこともあるんだ。

空《そら》は、がらーんとした、大《おお》きな穴《あな》のように、あたまの上《うえ》にかぶさる「そら」をあらわした字《じ》。

かきじゅん　8かく

丶 丷 宀 穴 穴 空 空 空

ことばのれい

空耳《そらみみ》・青空《あおぞら》・空《から》ぶり・空《あ》き地《ち》・空気《くうき》

くんよみ

気

おんよみ

キ・ケ

むかしのかん字

氣

（氣）

はやわかり　となえことば

ごはん　たく
ゆげを　あらわす
てんきの　気《き》

なりたち

気《キ》の、もともとの字《じ》は氣。わけると、气《(キ)》と米《こめ》になるよ。气《(キ)》は、水《みず》からもやもやとたちのぼるゆげや、くもがながれるかたち。それに米《こめ》をつけた氣《き》は、ごはんをたくときの、ゆげのことだね。

かきじゅん　6かく

ノ 𠂉 𠂉 气 気 気

ことばのれい

気力《きりょく》・気持《きも》ち・気温《きおん》・空気《くうき》・気配《けはい》・湯気《ゆげ》

くんよみ　おと・ね

音

おんよみ　オン・（イン）

むかしのかん字

はやわかり　となえことば

みみを　すまし
かすかに
ひびく
音《おと》を　きく

なりたち

うつわの𠙵《サイ》のうえにはりをおいて、「ぜったいにうそは申《もう》しません」と、神《かみ》にちかうことばが言《い-う・ゲン》。音《おと・オン》は、そのちかいに、神《かみ》さまがこたえたしるしのあるかたち。むかしのかん字を見《み》てごらん。𠙵のなかのよこせんが、へんじの「おと」をあらわしている。

かきじゅん　9かく

ことばのれい

足音《あしおと》・物音《ものおと》・音色《ねいろ》・音楽《おんがく》・音読《おんよ》み・母音《ぼいん》・子音《しいん》

村

くんよみ　むら

おんよみ　ソン

むかしのかん字

（邨）

はやわかり　となえことば

ひとが あつまり すんでいる 村《むら》

なりたち

村《むら・ソン》とは、人《ひと》がすむ「むら」のことだね。この字《じ》は、もともとは、邨《ソン》とかいていた。

邨《ソン》の阝（おおざと）は、人《ひと》のすむところ、屯《トン》は「あつまる」ということをあらわすかたち。

いつからか、邨《ソン》のかわりに、村《ソン》がつかわれるようになった。

かきじゅん　7かく

一 十 才 木 木 村 村

ことばのれい

村里《むらざと》・村《むら》はずれ・村長《そんちょう》・農村《のうそん》・漁村《ぎょそん》

くんよみ　まち

町

おんよみ　チョウ

はやわかり　となえことば

もともとは
田《た》の
あぜの　こと
町《まち》の　もじ

むかしのかん字

なりたち

町《まち・チョウ》は、田畑《たはた》のさかいめにある、ほそいあぜみちをあらわした字《じ》。やがて、日本《にほん》では、人《ひと》のすむ「まち」のいみにつかわれるようになった。町《チョウ》の字《じ》は、田《た》と丁《チョウ》にわけられるよ。

かきじゅん　7かく

ことばのれい

町角《まちかど》・下町《したまち》・港町《みなとまち》・町内《ちょうない》・町長《ちょうちょう》

5

どうぐをあらわすかん字《じ》

車
円
金

くんよみ

糸

いと

おんよみ

シ

むかしのかん字

（絲）

はやわかり　となえことば

よりあわせ　まゆから　つくった　糸《いと》の　もじ

なりたち

糸《いと・シ》の、もとのかたちは絲《シ》。

いまのかたちの糸《いと》は、もとは、「べき」といった。いとのたばのかたちだよ。かいこがつくるまゆからとった、きぬのいとだ。

それを二《ふた》つならべた絲《シ》は、その糸《いと》たばがたくさんあることをあらわしたかたち。

かきじゅん　6かく

く 幺 幺 糸 糸 糸

ことばのれい

糸《いと》まき・糸口《いとぐち》・毛糸《けいと》・製糸《せいし》

くんよみ たま

おんよみ ギョク

玉

むかしのかん字

はやわかり となえことば

てんを うち 王《おう》と 玉《たま》とを くべつ する

なりたち

玉《たま・ギョク》は、三《みっ》つのまるい宝石《ほうせき》に、ひもをとおしたかたちの字《じ》。この宝石《ほうせき》を、玉《ぎょく》という。

こしにつけるかざりや、首《くび》かざりにするために、ひもでつづった。

! 玉《たま》と王《おう》は、よくにているけれど、玉《たま》にはてんがある。

かきじゅん 5かく

一 丅 干 王 玉

ことばのれい

目玉《めだま》・あめ玉《だま》・悪玉《あくだま》・玉座《ぎょくざ》

くんよみ
くるま

車

おんよみ
シャ

むかしのかん字

はやわかり　となえことば

くるくると
かるく
ころがる
車《くるま》だよ

なりたち

車《くるま・シャ》は、むかしの「くるま」のかたちからできた字《じ》。車輪《しゃりん》が二《ふた》つあって、人《ひと》や馬《うま》がひっぱったんだ。車《くるま》のむかしのかん字《じ》には、こんなのもあるよ。・・。
それがかんたんなかたちになって、いまの車《くるま》の字《じ》になった。

かきじゅん

7かく

ことばのれい

荷車《にぐるま》・車道《しゃどう》・電車《でんしゃ》・自転車《じてんしゃ》・水車《すいしゃ》

金

くんよみ　かね・かな

おんよみ　キン・コン

むかしのかん字

はやわかり　となえことば

きんぞくを　とかして　かためた　金《きん》の　もじ

なりたち

おおむかしの人《ひと》びとは、青銅《せいどう》という金属《きんぞく》で、りっぱで、うつくしい、たからものをつくった。青銅《せいどう》のかたまりを火《ひ》でとかして、「いがた」という型《かた》にながしこんでつくる。

金《かね・キン》は、そうやって、うつくしいたからものをつくることをあらわした字《じ》。

かきじゅん　8かく

ノ 𠆢 亼 今 仐 全 余 金

ことばのれい

金持《かねも》ち・金具《かなぐ》・金色《きんいろ》・大金《たいきん》・黄金《おうごん》

くんよみ　まる―い

円

おんよみ　エン

むかしのかん字

（圓）

はやわかり　となえことば

あしの　ある
まるい
うつわが
円《えん》の　もじ

なりたち

円《まる―い・エン》のもとの字《じ》は、圓《エン》。

圓《エン》のもとの字《じ》が、。

これは、「かなえ」といううつわのかたちからできた字《じ》だ。

「かなえ」には、しかくいものやまるいものがあるけれど、円《エン》は、まるい「かなえ」だよ。

かきじゅん

丨冂円円

4かく

ことばのれい

円形《えんけい》・円満《えんまん》・百円《ひゃくえん》・千円《せんえん》

この字《じ》、なんの字《じ》？

むかしのかん字《じ》だよ。
わかるかな？

ヒント

あたまの
りょうがわにある

えんぴつをもったり
あくしゅしたり

はれたそらに
ただひとつ

わらうと
ほそくなるよ

ヒント

とてもほそくて
ながいもの

ああ、のどが
かわいたなあ

あるいたり
はしったり
とまったり

かぞえきれないほど
たくさんの木《き》だ

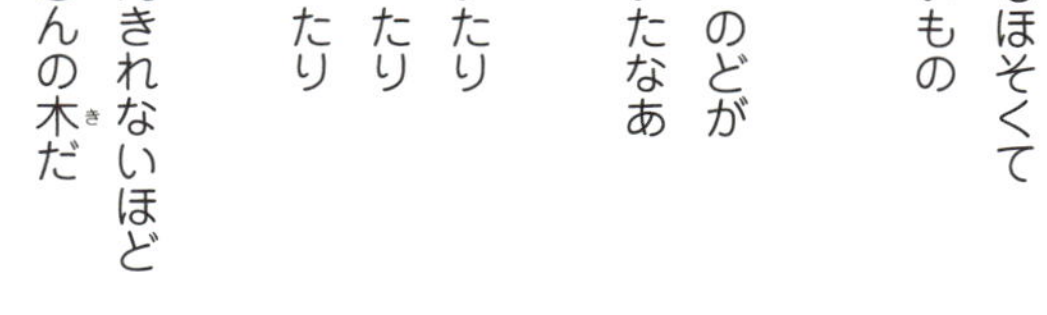

ヒントなし

★こたえ…上《うえ》のだんの右《みぎ》から順《じゅん》に耳、手、日、目、糸、水、足、森、女、空、月、車

6

かずを あらわす かん字《じ》

三
四
五
3
4
5
8
9
10
八
九
十

くんよみ　ひと-つ

おんよみ　イチ・イツ

一

はやわかり　となえことば

ぼう
いっぽん
かずを
あらわす
一《いち》

むかしのかん字

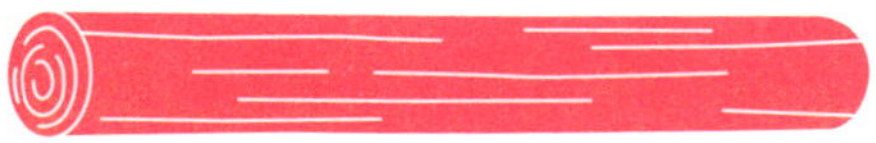

なりたち

ぼうを一本《いっぽん》、よこにおいて、すう字《じ》の一《いち》をあらわした。

かきじゅん

一

1かく

ことばのれい

一言《ひとこと》・一息《ひといき》・一人《ひとり》・一日《いちにち》・一日《ついたち》・一番《いちばん》・一生《いっしょう》・一気《いっき》・同一《どういつ》

くんよみ

二

ふた-つ

おんよみ

ニ

はやわかり　となえことば

ぼう
にほん
ならべて
つくった
二《に》

むかしのかん字

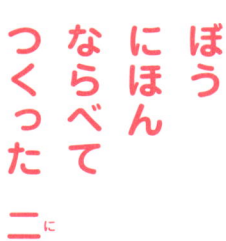

なりたち

ぼうを二本《にほん》、よこにならべて、すう字《じ》の二《に》をあらわした。

かきじゅん

一　二

2かく

ことばのれい

二手《ふたて》・二人《ふたり》・二日《ふつか》・二十日《はつか》・二番《にばん》・二回《にかい》・二学期《にがっき》・二階《にかい》

くんよみ

三

み・みっつ

おんよみ

サン

むかしのかん字

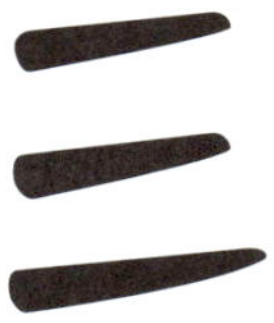

はやわかり　となえことば

**ぼう
さんぼん
ならべて
つくった
三《さん》**

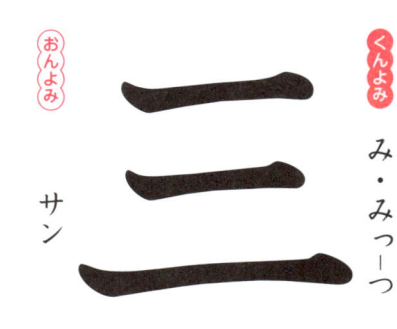

なりたち

ぼうを三本《さんぼん》、よこにならべて、すう字《じ》の三《さん》をあらわした。

かきじゅん

一 二 三

3かく

ことばのれい

三日月《みかづき》・三日《みっか》・三人《さんにん》・三番《さんばん》・三角形《さんかくけい》・七五三《しちごさん》

くんよみ

よ・よっつ

よん

四

おんよみ

シ

むかしのかん字

はやわかり　となえことば

シーと　いきが　わかれて　四《し》の　もじ

なりたち

四《よん・シ》は、さいしょは、ぼうをよこに四本《よんほん》ならべたかたちで、あらわしていた。

そのあと、人《ひと》が口《くち》をあけたかたちのとあらわすようになり、それから、いまの四《シ》とかくようになった。

かきじゅん

5かく

ことばのれい

四《よ》つ角《かど》・四日《よっか》・四人《よにん》・四角形《しかくけい》・四季《しき》・四方《しほう》・四苦八苦《しくはっく》

くんよみ　いつ-つ

五

おんよみ　ゴ

むかしのかん字

はやわかり　となえことば

十《じゅう》までの
まんなかの
かずは　五《ご》

なりたち

五《ご》は、木《き》をバッテン（×）にくんだ、「ふた」のかたちからできた字《じ》。
それが、すう字《じ》の五《ご》をあらわすようになった。
その「ふた」も、すう字《じ》の五《ご》も、どちらも「ゴ」という音《おん》だった。

かきじゅん

一　丆　万　五

4かく

ことばのれい

五日《いつか》・五人《ごにん》・五目《ごもく》・五十音《ごじゅうおん》・五感《ごかん》

六

くんよみ　む・むっつ

おんよみ　ロク

むかしのかん字

はやわかり　となえことば

もともとは　テントの　かたち　六《ろく》と　なる

なりたち

六《ろく》は、小《ちい》さなテントのかたちからできた字《じ》。でも、テントのいみにはつかわれず、すう字《じ》の六《ろく》をあらわすようになった。

かん字《じ》には、このように、もとのかたちとはちがういみにつかわれたものが、いくつもあるんだよ。

かきじゅん　4かく

丶　亠　六　六

ことばのれい

六日《むいか》・六人《ろくにん》・六角形《ろっかくけい》・第六感《だいろっかん》

くんよみ

七

なな-つ

おんよみ

シチ

むかしのかん字

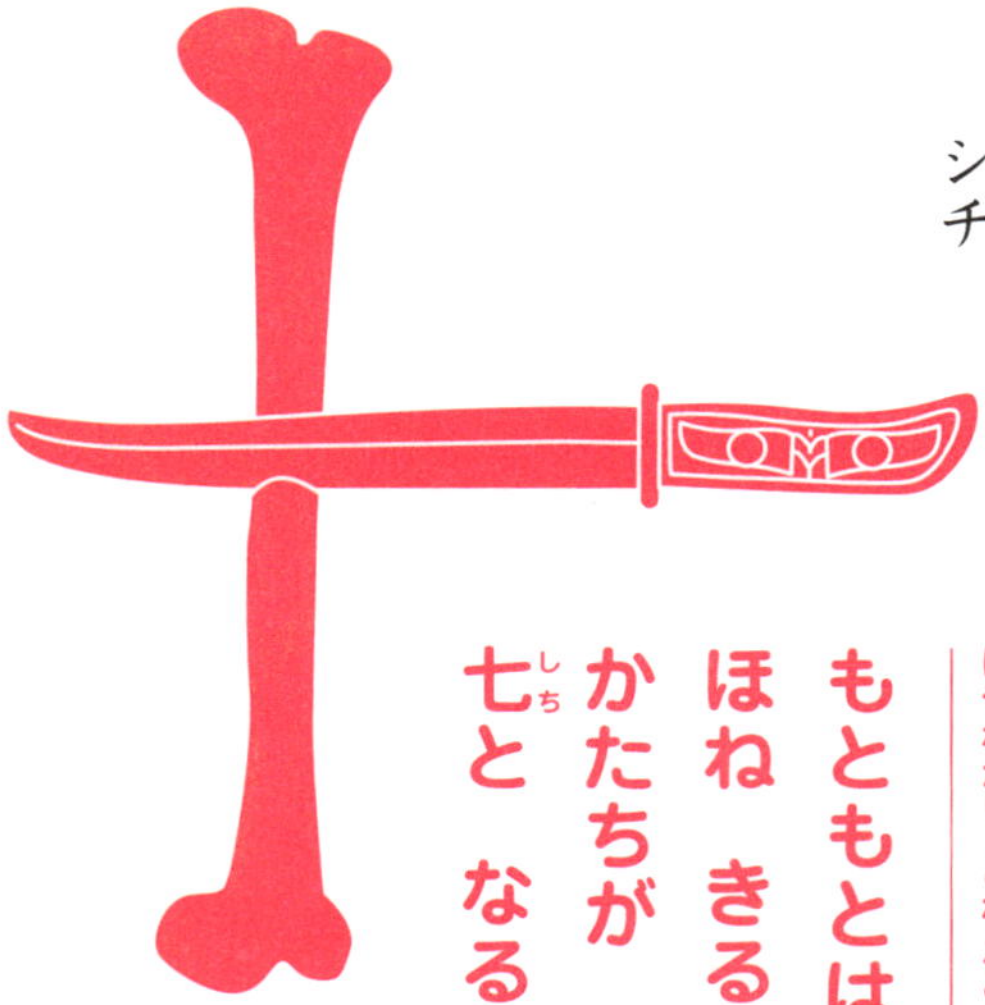

はやわかり　となえことば

もともとは
ほね　きる
かたちが
七《しち》と　なる

なりたち

七《しち》は、ほねを切《き》ったかたちから
できた字《じ》。
だから、切《き-る》という字《じ》には、七《しち》が
あるんだね。

かきじゅん

一　七

2かく

ことばのれい

七色《なないろ》・七日《なのか》・七転《ななころ》び八《や》起《お》き・七五三《しちごさん》・
七福神《しちふくじん》

くんよみ

や・やっ-つ
よう

八

おんよみ

ハチ

はやわかり となえことば

**はんぶんこ
ふたつに
わける
八《はち》の もじ**

むかしのかん字

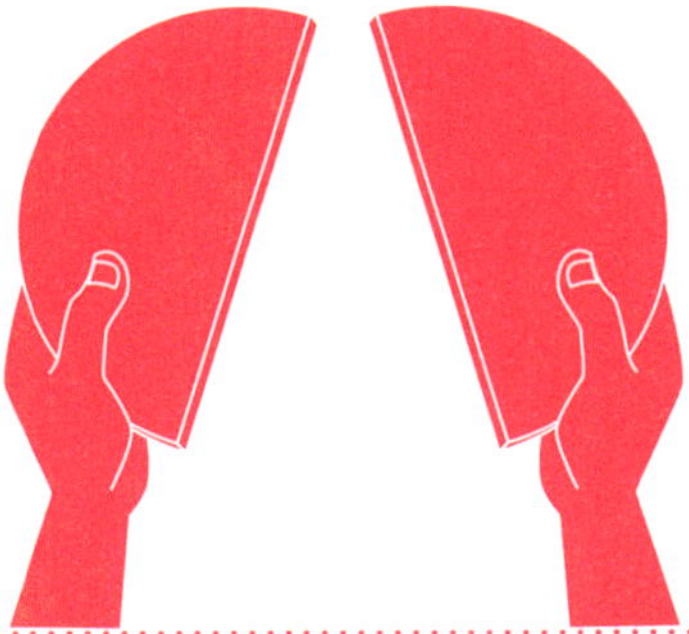

なりたち

八《はち》は、ものを、まっぷたつにするかたち。

! 八《はち》のつく字《じ》があるよ。刀《かたな》でまっぷたつにするのが、「分《わ》ける」の分《ぶん》。牛《うし》をまっぷたつにするのは、「半分《はんぶん》」の半《はん》。

かきじゅん

ノ 八

2かく

ことばのれい

八《や》つ当《あ》たり・八重歯《やえば》・八日《ようか》・八本《はっぽん》・八分目《はちぶんめ》・八十八夜《はちじゅうはちや》

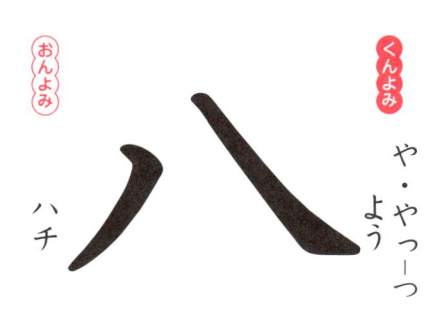

くんよみ

ここの一つ

九

おんよみ

キュウ・ク

はやわかり　となえことば

おおむかし
りゅうの
かたちが
九《きゅう》に　なる

むかしのかん字

なりたち

九《きゅう》は、くねっと、からだをおりまげている、竜《りゅう》のすがたからできた字。

この字《じ》も、竜《りゅう》のいみにはつかわれず、すう字《じ》の九《きゅう》をあらわすようになった。

かきじゅん

ノ九

2かく

ことばのれい

九日《ここのか》・九州《きゅうしゅう》・九官鳥《きゅうかんちょう》・九人《くにん》・九九《くく》

くんよみ　とお

十

おんよみ　ジュウ・ジッ

むかしのかん字

はやわかり　となえことば

たてぼうに　しるしを　つけて　十《じゅう》と　する

なりたち

十《じゅう》は、すう字《じ》の10をあらわすかん字《じ》だね。一《いち》は、ぼうをよこにしたかたちで、十《じゅう》は、さいしょ、ぼうをたてにしたかたちだった。

そのあと、たてぼうのまんなかに、しるしをつけて、いまの十《じゅう》のかたちになった。

かきじゅん

一 十

2かく

ことばのれい

十日《とおか》・十人《じゅうにん》・十本《じっぽん》・十五夜《じゅうごや》

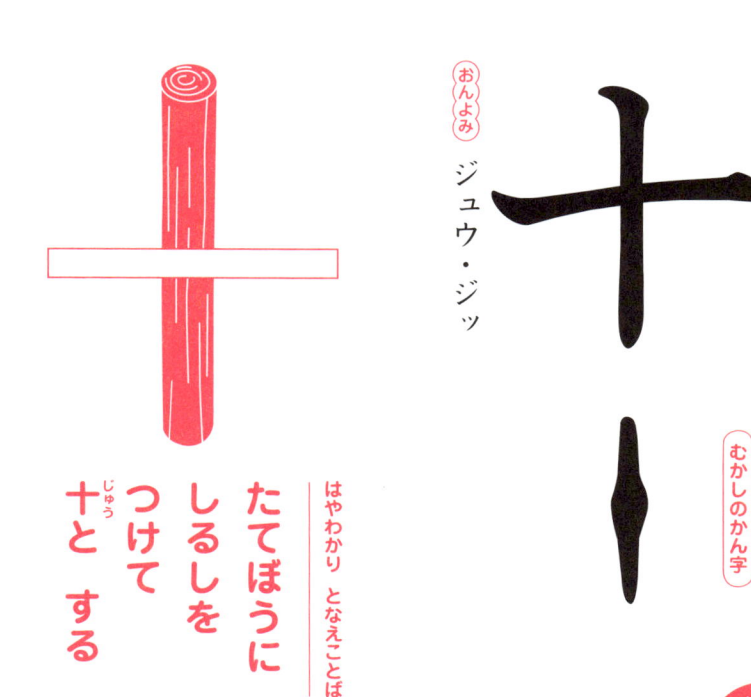

くんよみ

百

おんよみ

ヒャク

むかしのかん字

はやわかり　となえことば

白《しろ》の　じに
一《いち》を
くわえて
百《ひゃく》と　する

なりたち

百《ひゃく》は、白《しろ》に一《いち》をくわえたかたち。かん字《じ》ができたころ、100の位《くらい》のかずをあらわすのに、白《しろ》に「一《いち》、二《に》、三《さん》……」をくわえて、「《いっぴゃく》・《にひゃく》・《さんびゃく》…《ごひゃく》」というふうにあらわしたんだ。

かきじゅん

6かく

ことばのれい

百円《ひゃくえん》・百年《ひゃくねん》・百人一首《ひゃくにんいっしゅ》・百科事典《ひゃっかじてん》

千

くんよみ　ち

おんよみ　セン

むかしのかん字

はやわかり　となえことば

もともとは　ひとに　よこぼう　千《せん》の　もじ

なりたち

千《せん》の位《くらい》は、さいしょ、人《ひと》をもとにして、それに、一《いち》、二《に》、三《さん》……をくわえてあらわした。（一千《いっせん》）・（二千《にせん》）・（三千《さんぜん》）。
だから、千《せん》とは、「一《いっ》千《せん》」のことなんだ。

かきじゅん

ノ　二　千

3かく

ことばのれい

千代紙《ちよがみ》・千円《せんえん》・千人力《せんにんりき》・千里眼《せんりがん》・千羽《せんば》づる

7

「ここだよ」と、
いちを
あらわすかん字《じ》

くんよみ

うえ・うわ・かみ
あ-がる・のぼ-る

上

おんよみ

ジョウ

はやわかり　となえことば

てのひらの
うえは
ここだと
上《うえ》の　もじ

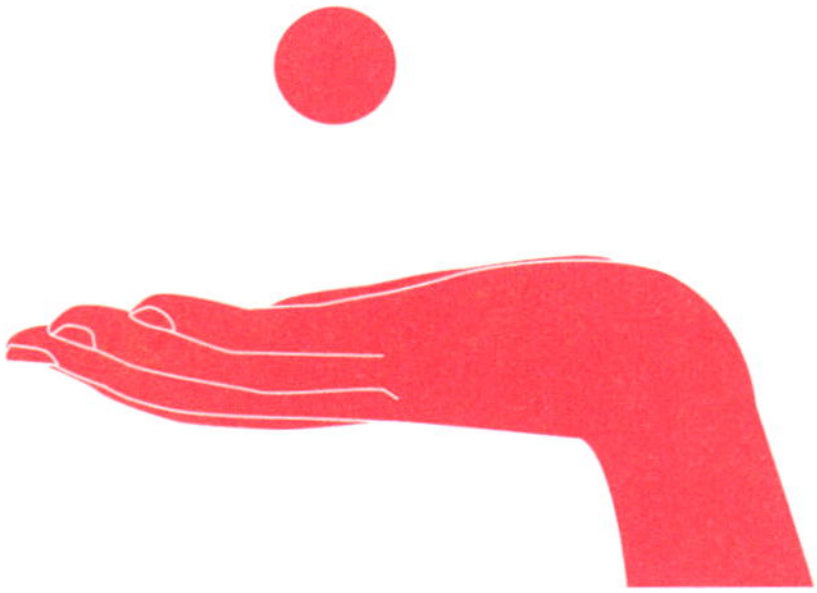

むかしのかん字

なりたち

つくえの上《うえ》、やねの上《うえ》。それよりもずっと上《うえ》の、くもの上《うえ》。いろんな「うえ」があるね。

その「うえ」を代表《だいひょう》して、「てのひらの上《うえ》」であらわした。

それが、むかしのかん字《じ》の、というかたちだ。

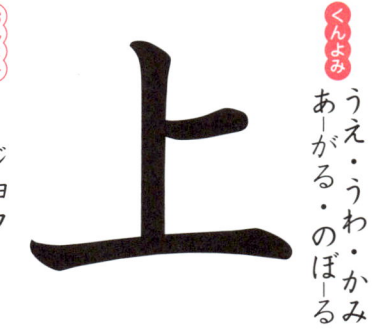

かきじゅん

丨　ト　上

3かく

ことばのれい

年上《としうえ》・上着《うわぎ》・川上《かわかみ》・上《あ》げ底《ぞこ》・上《のぼ》り坂《ざか》・上下《じょうげ》・上空《じょうくう》・屋上《おくじょう》・以上《いじょう》

下

くんよみ
した・しも・お-りる
くだ-る・さ-がる

おんよみ
カ・ゲ

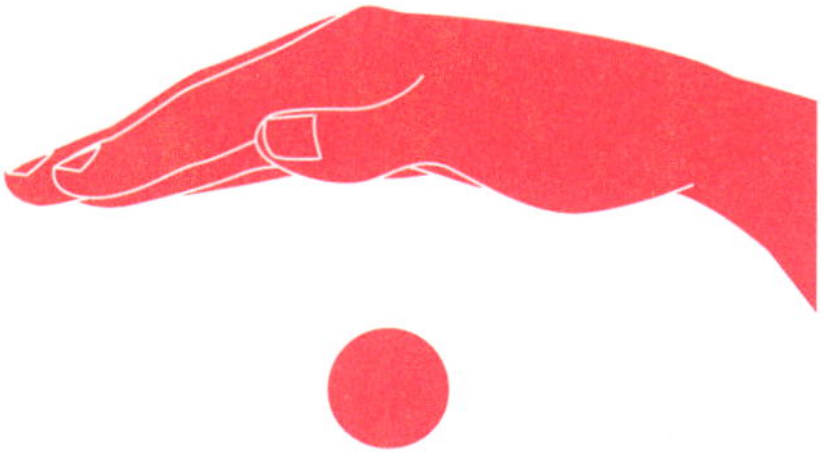

むかしのかん字

はやわかり　となえことば

てのひらの
したは
ここだと
下《した》の　もじ

なりたち

大空《おおぞら》の下《した》、やねの下《した》、つくえの下《した》やベッドの下《した》。いろんな「した」があるね。

その「した」を代表《だいひょう》して、「てのひらの下《した》」であらわした。

それが、むかしのかん字《じ》の、というかたちだ。

かきじゅん

一丅下

3かく

ことばのれい

下《した》じき・下着《したぎ》・川下《かわしも》・下《くだ》り坂《ざか》・下流《かりゅう》・天下《てんか》・地下《ちか》・上下《じょうげ》・下校《げこう》

くんよみ　みぎ

右

おんよみ　ユウ・ウ

むかしのかん字

はやわかり　となえことば

ねがいを
こめて
うつわの　𠙵《サイ》を
右《みぎ》の　てに
もつ

なりたち

むかしの人《ひと》が、いのりのことばを入《い》れたうつわを手《て》にもって、「神《かみ》さま、どこにいますか」と、たずねた。その、うつわを手《て》にもつかたちが、右《みぎ・ユウ》という字《じ》なんだ。右手《みぎて》のかたち（）と、うつわの口（𠙵《サイ》）があわさったかたちだよ。

かきじゅん　5かく

ノナ右右右

ことばのれい

右手《みぎて》・右側《みぎがわ》・左右《さゆう》・右折《うせつ》

くんよみ ひだり

おんよみ サ

左

はやわかり となえことば

かみを よぶ
どうぐは
左《ひだり》の てに
もった

むかしのかん字

なりたち

おおむかし、右手《みぎて》（）に、いのりのことばを入《い》れたうつわをもち、左手《ひだりて》（）には、神《かみ》をよぶ「どうぐ」（）をもって、いのった。左《ひだり・サ》の字《じ》のなかにある工《こう》が、そのどうぐだよ。

かきじゅん

一ナ左左左

5かく

ことばのれい

左手《ひだりて》・左側《ひだりがわ》・左右《さゆう》・左折《させつ》

くんよみ

中

なか

おんよみ

チュウ・ジュウ

むかしのかん字

はやわかり　となえことば

まんなかを
ぼうで
つらぬく
中《なか》の　もじ

なりたち

かん字《じ》をつくったのは、中国《ちゅうごく》の殷《いん》という国《くに》の人《ひと》びとだ。いまから、三千三百年《さんぜんさんびゃくねん》ほどまえのこと。

殷《いん》の王《おう》の軍隊《ぐんたい》は、「左《さ》・右《ゆう》・中《ちゅう》」の三《みっ》つでできていた。

中《なか・チュウ》は、その中軍《ちゅうぐん》の大将《たいしょう》の旗《はた》のかたちからできた字《じ》だ。

かきじゅん　4かく

丨 冂 口 中

ことばのれい

中指《なかゆび》・中身《なかみ》・真《ま》ん中《なか》・中学《ちゅうがく》・中心《ちゅうしん》・中止《ちゅうし》・水中《すいちゅう》・集中《しゅうちゅう》・命中《めいちゅう》・一日中《いちにちじゅう》

くんよみ

本

もと

おんよみ

ホン

むかしのかん字

はやわかり となえことば

木《き》の 本《もと》は
ここだと
しるしの
せんを ひく

なりたち

木《き》の下《した》のほうにてんをうって、「ねもとは、ここだよ」としめしたのが、本《もと・ホン》の字《じ》だ。

❗木《き》のてっぺんをしめしたのが末《すえ》で、これからのびていくところをしめしたのが、未《み》という字《じ》。

かきじゅん

一十才木本

5かく

ことばのれい

根本《ねもと》・本人《ほんにん》・本音《ほんね》・本気《ほんき》・絵本《えほん》

くんよみ　あま

天

おんよみ　テン

はやわかり　となえことば

ひとの　あたまの　てっぺん　あらわす　天《てん》の　もじ

むかしのかん字

なりたち

人《ひと》のからだのいちばん上《うえ》は、あたまのてっぺん。天《あま・テン》は、それをあらわしたかたち。立《た》っている人《ひと》の、あたまを大《おお》きくあらわした字《じ》なんだ。

いまは、天《てん》は、「そら」のいみにもつかわれる。

かきじゅん

一 二 チ 天　4かく

ことばのれい

天《あま》の川《がわ》・天気《てんき》・天然《てんねん》・天才《てんさい》・晴天《せいてん》

左《ひだり》と右《みぎ》のはなし

左《ひだり》と右《みぎ》。1かくめと2かくめの「かきじゅん」がちがうのは、なぜ?

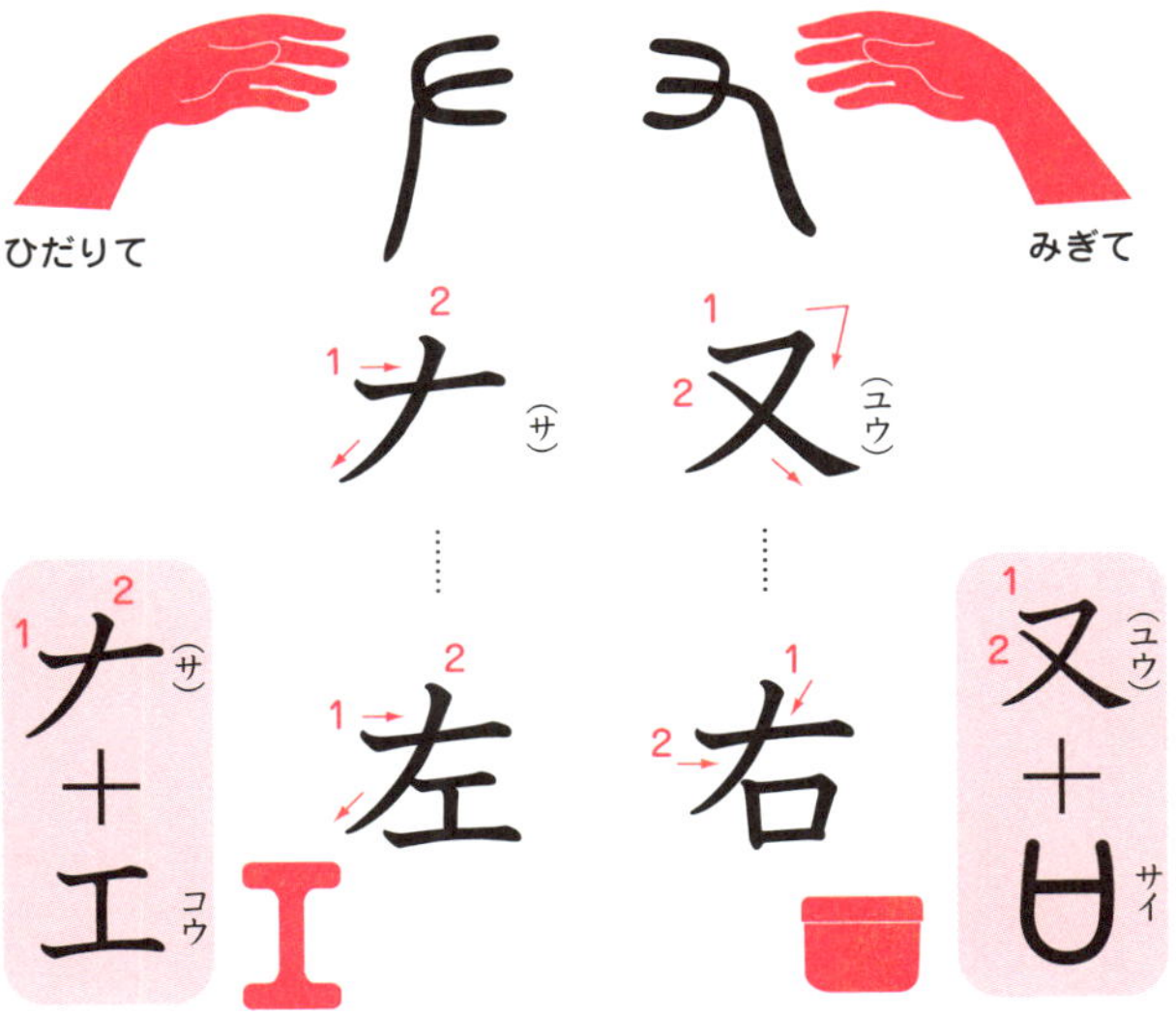

さいしょ、「ひだり」の手《て》のかたちをあらわす字《じ》は、ナ《（サ）》という字《じ》で、「みぎ」の手《て》をあらわしたのは、又《（ユウ）》という字《じ》だった。

そのあと、どうぐ（工《コウ》）やうつわ（𠙵《サイ》＝口）をもって神《かみ》にいのる手《て》のかたちが、左《サ》・右《ユウ》をあらわすようになった。

左《ひだり》は、ナ《（サ）》＋工《コウ》。右《みぎ》は、又《（ユウ）》＋𠙵《（サイ）》。

又《（ユウ）》は、𠙵《サイ》とあわさるときに、すこしかたちをかえた。1かくめがななめせんになり、2かくめが上《うえ》にもちあがってよこせんになった。それで、左《ひだり》と右《みぎ》のはじめのかきじゅんは、ちがうんだよ。

8

うごきをあらわすかん字《じ》

出
立

くんよみ たーつ

立

おんよみ リツ

むかしのかん字

はやわかり となえことば

てを ひろげ
ひとが
まっすぐ
立《た》つ すがた

なりたち

立《たーつ・リツ》は、手足《てあし》をひろげて立《た》つ人《ひと》のかたち（）に、じめんのせん（一）をあわせた字《じ》。

もともとは、儀式《ぎしき》のとき、その人《ひと》の立《た》つべきところ、立《た》つ位置《いち》は、ここだぞ、としめす字《じ》だった。

かきじゅん

丶 亠 亣 亣 立

5かく

ことばのれい

立《た》ち話《ばなし》・夕立《ゆうだち》・立《た》て札《ふだ》・立春《りっしゅん》・立体《りったい》・起立《きりつ》・国立《こくりつ》・成立《せいりつ》

見

くんよみ　みーる

おんよみ　ケン

むかしのかん字

はやわかり　となえことば

おおきな　目《め》
だいじな
ものを
見《み》るかたち

なりたち

見《みーる・ケン》は、人《ひと》の上《うえ》に、目《め》を大《おお》きくかいたかたちの字《じ》。目《め》の下《した》の儿《ひと》（ひとあし）は、よこから見《み》た人《ひと》のからだをあらわしている。

むかしのかん字《じ》だと、それがよくわかるね。

かきじゅん

丨 冂 月 月 目 貝 見

7かく

ことばのれい

見本《みほん》・見通《みとお》し・見学《けんがく》・発見《はっけん》・意見《いけん》

くんよみ

いーれる
はいーる

入

おんよみ

ニュウ

はやわかり となえことば

**くらの なか
だいじな
ものを
入《い》れて おく**

むかしのかん字

なりたち

入《いーれる・ニュウ》は、へやの入《い》り口《ぐち》をあらわすかたち。

！入《い》り口《ぐち》の上《うえ》に、やねをくわえたかたちが、二年生《にねんせい》でならう、内《うち》という字《じ》だよ。むかしのかん字《じ》をくらべてみよう。

入《はいーる》

内《うち》

かきじゅん

ノ入

2かく

ことばのれい

入《い》れ物《もの》・入《い》れ歯《ば》・押《お》し入《い》れ・入学《にゅうがく》・入場《にゅうじょう》・記入《きにゅう》・進入《しんにゅう》

くんよみ　でる・だす

出

おんよみ　シュツ

むかしのかん字

はやわかり　となえことば

あしがたの
うちから
そとへ
出《で》る　すがた

なりたち

出《でーる・シュツ》の、むかしのかん字《じ》を見《み》てごらん。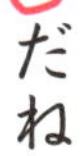だね。は、人《ひと》のあしあと。そのかかとのところに、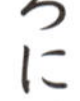というせんがある。
出《でーる》は、「ここから、出《で》ていくんだよ」「出発《しゅっぱつ》するぞ」ということをあらわした字《じ》なんだ。

かきじゅん　丨 屮 屮 出 出　5かく

ことばのれい　出口《でぐち》・出会《であ》い・人出《ひとで》・出《だ》し物《もの》・出火《しゅっか》・出席《しゅっせき》・出発《しゅっぱつ》・外出《がいしゅつ》

くんよみ　やす-む

おんよみ　キュウ

休

むかしのかん字

はやわかり　となえことば

せんそうは
お休《やす》みに　して
ひょうしょうしき

なりたち

休《やす-む・キュウ》のいまのかたちは、亻（にんべん）と、木《き》をあわせた字《じ》だ。でも、もとは、木《き》は禾《か》だった。

禾《か》は、軍隊《ぐんたい》のじんちの門《もん》のこと。じんちに人《ひと》がいるかたちだから、戦争《せんそう》はお休《やす》みのとき。そのときに、てがらをたてた人《ひと》を表《ひょう》しょうした。

かきじゅん　6かく

ノ 亻 仁 什 什 休

ことばのれい

夏休《なつやす》み・休日《きゅうじつ》・休息《きゅうそく》・休火山《きゅうかざん》・連休《れんきゅう》

どの字《じ》にも よこむきの人《ひと》が いるよ

人《ひと》

93ページ

見《み―る》

79ページ

千《セン》

96ページ

休《やす―む》

117ページ

年《ネン》

110ページ

先《さき》

9

ようすを
あらわすかん字《じ》

大
正
青

くんよみ　おおーきい・おお

大

おんよみ　ダイ・タイ

むかしのかん字

はやわかり　となえことば

てと　あしを
大《おお》きく　ひろげ
大《だい》と　なる

なりたち

大《おおーきい・ダイ》は、人《ひと》が、まえをむいて、立《た》っているすがたからできた字《じ》。手《て》足《あし》を大《おお》きくひろげているよ。

！大《おおーきい》に、「あたまはここだよ」としめしたのが、天《てん》。
大《おおーきい》に、立《た》っているじめんのせんをかいたのが、立《たーつ》の字《じ》だ。

かきじゅん

一ナ大

3かく

ことばのれい

大雨《おおあめ》・大地《だいち》・大金《たいきん》・大事《だいじ》・大臣《だいじん》

くんよみ

ちい−さい
お・こ

小

おんよみ

ショウ

むかしのかん字

はやわかり　となえことば

てん、てん、てん、
この　かい
みんな　小《ちい》さいよ

なりたち

小《ちいーさい・ショウ》は、ちいさな貝《かい》や玉《たま》が、ばらばらにおいてあるかたち。

むかしのかん字《じ》は、それを「てん、てん、てん」と、三《みっ》つかいてあらわした。

！この貝《かい》や玉《たま》をひもでつづったかたちが、「少《すく》ない」の少《ショウ》という字《じ》なんだ。

かきじゅん

亅 小 小

3かく

ことばのれい

小川《おがわ》・小声《こごえ》・小鳥《ことり》・小学生《しょうがくせい》・大小《だいしょう》

くんよみ

しろ・しろ-い
しら

白

おんよみ

ハク

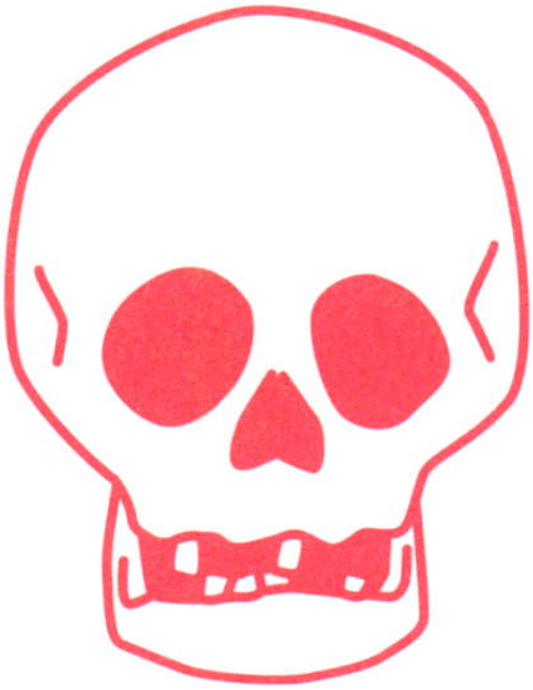

むかしのかん字

はやわかり　となえことば

もともとは
がいこつの
いろ
白《しろ》の　もじ

なりたち

白《しろ・ハク》は、どくろ（しゃれこうべ）のかたちからできた字《じ》。

その色《いろ》から、いまは「しろい」という字《じ》につかわれる。

おおむかし、りっぱな指導者《しどうしゃ》のしゃれこうべは、まよけのためにだいじにされたのだという。

かきじゅん　5かく

ノ　亻　白　白　白

ことばのれい

白身《しろみ》・白雪《しらゆき》・白米《はくまい》・白鳥《はくちょう》・明白《めいはく》

くんよみ
あお・あお-い

青

おんよみ
セイ

むかしのかん字

はやわかり となえことば

いどを ほり
青《あお》い いろ だす
つちを とる

なりたち

青《あお・セイ》は、生《せい》と丹《たん》からできた字《じ》で、あおい色《いろ》のざいりょうをあらわした字《じ》。青《あお》の字《じ》のなかにある月《つき》は、もともとは丹《たん》で、土《つち》をとる井戸《いど》のかたちなんだ。
丹《たん》というのは、土《つち》からとるえのぐのこと。青《あお・セイ》は、あおい丹《たん》のえのぐのことだ。

かきじゅん

一 十 キ 主 丰 青 青 青

8かく

ことばのれい

青虫《あおむし》・青空《あおぞら》・青年《せいねん》・青春《せいしゅん》

赤

くんよみ　あか・あか-い

おんよみ　セキ

むかしのかん字

はやわかり　となえことば

ひとと　火《ひ》を
くみあわせたのが
赤《あか》の　もじ

なりたち

赤《あか・セキ》は、大《だい》と火《ひ》をあわせた字《じ》。大《だい》は、人《ひと》のかたち。むかしのかん字《じ》を見《み》ると、わかりやすいね。火《ひ》で、人《ひと》のつみやけがれを、はらいきよめることをあらわしたのが、赤《あか》の字《じ》。

火《ひ》には、きよめる力《ちから》があると、かんがえられていた。

かきじゅん　7かく

一 + 土 ㇈ 赤 赤 赤

ことばのれい

赤子《あかご》・赤字《あかじ》・赤信号《あかしんごう》・赤道《せきどう》・赤飯《せきはん》

くんよみ
ただ-しい
まさ

正

おんよみ
セイ・ショウ

はやわかり　となえことば

せめこんで
まちを
せめとる
正《せい》の　もじ

むかしのかん字

なりたち

正《ただ-しい・セイ》の、もとのかたちは　。　は、城《じょう》へきにかこまれた都《と》市《し》。　はあしあとのかたちで、「すすんでいくこと」をあらわす。正《セイ》（　）は、敵《てき》の都《と》市《し》をせめとること。むかしは、力《ちから》でせめとることは正《ただ》しいことだと、かんがえられていたんだ。

かきじゅん

一 丅 下 𤴓 正

5かく

ことばのれい

正当《せいとう》・正門《せいもん》・正方形《せいほうけい》・正月《しょうがつ》・正直《しょうじき》

くんよみ　はや-い

早

おんよみ　ソウ

むかしのかん字

はやわかり　となえことば

スプーンの
かたちが
いまは　早《はや》いに
つかわれる

なりたち

早《はや-い・ソウ》は、はやい・おそいの「はやい」といういみの字《じ》。でも、なぜか、なりたちは、「さじ」（スプーン）のかたちなんだ。

かきじゅん　6かく

丨 冂 日 日 旦 早

ことばのれい

早口《はやくち》・早起《はやお》き・早朝《そうちょう》・早退《そうたい》

ももたろう よんでみよう！

むかしむかしあったとさ。
じいさん山《やま》へしばかりに、
ばあさん川《かわ》へせんたくに。
大《おお》きなももがどんぶらこ、
中《なか》からかわいいおとこの子《こ》、
生《う》まれてすくすくそだちます。
大《おお》きくなったももたろう、
犬《いぬ》、さる、きじをけらいにし、

おにがしまへと出《で》かけます。
ももたろうは力《ちから》もち、
早《はや》くにげろと、おにたちこうさん。
金《きん》、ぎん、ごちそう、たからの山《やま》を
車《くるま》につんでかえります。
じいさん、ばあさん、大《おお》よろこびで、
「おかえり、おかえり、ももたろう」。
空《そら》にはまんまるお月《つき》さま。

10

学《がっ》校《こう》でよくつかうかん字《じ》

先生
字

先

くんよみ　さき

おんよみ　セン

むかしのかん字

はやわかり　となえことば

せんとうを
いく
ひとの　こと
先《せん》の　もじ

なりたち

先《さき・せん》のなりたちは、「さきにいく人《ひと》」といういみだ。どんな危険《きけん》がまちうけているかもしれないところへ、だれかがゆかなくてはならない。そんなとき、だれよりも先《さき》にゆく人《ひと》をあらわした字《じ》。

先《せん》は、人《ひと》（儿）の上《うえ》に、あしあとのかたちがある字《じ》だよ。

かきじゅん

6かく

ことばのれい

先回《さきまわ》り・店先《みせさき》・先生《せんせい》・先行《せんこう》・先月《せんげつ》

くんよみ

うーまれる・いーきる

はーえる・なま

生

おんよみ

セイ・ショウ

むかしのかん字

はやわかり　となえことば

くさのめ
はるに
つちから
生《う》まれでる

なりたち

生《うーまれる・セイ》は、草《くさ》の芽《め》が、土《つち》から生《は》えだすかたちからできた字《じ》。あたらしいいのちが、生《う》まれでることをあらわす。

かきじゅん　5かく

ノ 𠂉 牛 牛 生

ことばのれい

早生《はやう》まれ・生《い》き物《もの》・生《い》け花《ばな》・生野菜《なまやさい》・生命《せいめい》・生年月日《せいねんがっぴ》・学生《がくせい》・一生《いっしょう》

学

くんよみ　まなーぶ

おんよみ　ガク

むかしのかん字

（學）

はやわかり　となえことば

わかものの
まなびや
あらわす
学《がく》の　もじ

なりたち

学《まなーぶ・ガク》のなりたちは、校舎《こうしゃ》のなかに子《こ》どもがいるかたち。
もともとの字《じ》は、學《ガク》。
むかしのかん字《じ》を見《み》てごらん。上《うえ》にある××は、やねの上《うえ》のかざり。千木《ちぎ》といって、「だいじな若者教育《わかものきょういく》をするところだよ」というしるしなんだ。

かきじゅん　8かく

ことばのれい

学校《がっこう》・学年《がくねん》・学問《がくもん》・入学《にゅうがく》・通学《つうがく》

くんよみ

校

おんよみ

コウ

むかしのかん字

はやわかり となえことば

きの ぼうを
くんだ
たてもの
校《こう》の もじ

なりたち

校《コウ》は、木《き》と交《コウ》をあわせた字《じ》。
交《コウ》は、人《ひと》が足《あし》をくんだかたち。
だから、校《コウ》は、木《き》をくみあわせて
つくったものをいう。
むかしの学校《がっこう》の校舎《こうしゃ》をあらわした字《じ》だよ。

かきじゅん

10かく

ことばのれい

校門《こうもん》・校歌《こうか》・校庭《こうてい》・登校《とうこう》・下校《げこう》

くんよみ

字

（あざ）

おんよみ

ジ

むかしのかん字

はやわかり　となえことば

やねの　した
子《こ》どもが
いるよ
字《じ》という　じ

なりたち

子《こ》どもが生《う》まれると、先祖《せんぞ》をまつるおみや（宀）におまいりして、そのとき、かりの名《な》まえ（あざな）をつけた。
その文字《もじ》が、字《ジ》なんだよ。

かきじゅん　6かく

丶 丷 宀 宀 字 字

ことばのれい

字引《じびき》・文字《もじ》・数字《すうじ》・漢字《かんじ》

くんよみ　な

名

おんよみ　メイ・ミョウ

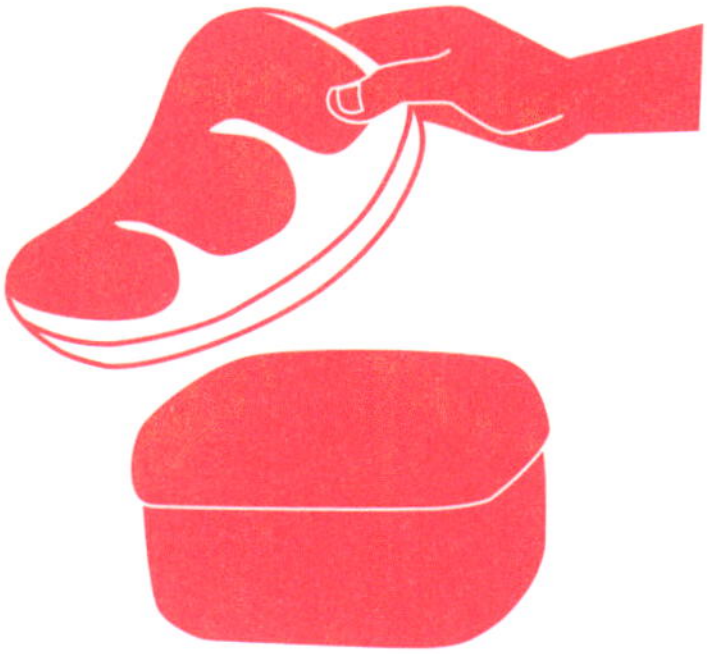

むかしのかん字

はやわかり　となえことば

みやまいり　こどもに　ほんとうの　名《な》を　つける

なりたち

子《こ》どもが生《う》まれて、ぶじにそだつことがわかると、ふたたび、みやまいりをした。そのとき、肉《にく》（夕）をそなえて、ほんとうの名《な》まえを先祖《せんぞ》にしらせた。

名《な・メイ》は、その「なまえ」をあらわした字《ジ》。

かきじゅん　6かく

ノ　ク　夕　夕　名　名

ことばのれい

名前《なまえ》・名札《なふだ》・名物《めいぶつ》・氏名《しめい》・名字《みょうじ》

くんよみ

文

（ふみ）

おんよみ

ブン・モン

むかしのかん字

はやわかり　となえことば

むねに　かいた
まよけの　しるし
文《ぶん》の　もじ

なりたち

文《ブン》のなりたちは、人《ひと》のむねのところに、「まよけのもよう」をかいたかたち。Vや、×や、心《しん》ぞうのかたちなどをかいた。
やがて、文字《もじ》や、文字《もじ》でかいた「文《ぶん》」などをあらわすようになった。

かきじゅん

丶 亠 ナ 文

4かく

ことばのれい

文学《ぶんがく》・文化《ぶんか》・作文《さくぶん》・文様《もんよう》・文字《もじ》

くんよみ とし

年

おんよみ ネン

むかしのかん字

はやわかり となえことば

いねを かぶって
一年《いちねん》の ほうさくを
いのります

なりたち

年《とし・ネン》のなりたちは、イネのかぶりものをかぶって、おどっている人《ひと》のすがた。お米《こめ》がたくさんできることをいのる、おまつりのおどりだ。

お米《こめ》は、年《ねん》にいちど、みのるので、「一年《いちねん》」の年《ねん》につかわれた。

かきじゅん 6かく

ノ ⺈ 𠂉 乍 乍 年

ことばのれい

年《とし》より・年下《としした》・年月《ねんげつ》・学年《がくねん》・来年《らいねん》

おん・くん さくいん

★しりたいかん字《じ》のページを、ここでしらべることができます。
★すう字《じ》は、そのかん字《じ》がのっているページです。
★ひらがなは「くんよみ」、カタカナは「おんよみ」です。
★たとえば「あお・い」というように、せんがあるものは、せんのうしろが「おくりがな」です。
★（　）にかいてあるものは、小学校《しょうがっこう》ではならわないよみです。

お

おお　小……101
オウ　王……24
おお　大……100
おお-きい　大……100
おと　音……55
おとこ　男……22
お-りる　下……83
オン　音……55
おんな　女……23

か

カ　花……39
カ　火……49
カ　下……83
か　日……50
かい　貝……29
ガク　学……112
ガツ　月……51
かな　金……63
かね　金……63
かみ　上……82
から　空……53
かわ　川……45

き

キ　気……54
き　木……34
キュウ　九……76
キュウ　休……96
ギョク　玉……61
キン　金……63

く

ク　九……76
ク　口……16
クウ　空……53
くさ　草……38
くだ-る　下……83
くち　口……16
くるま　車……62

け

ケ　気……54
ゲ　下……83
ゲツ　月……51
ケン　犬……28
ケン　見……93

こ

こ　子……15
こ　木……34
こ　小……101
ゴ　五……72
コウ　口……16
コウ　校……113
ここの-つ　九……76
コン　金……63

さ

サ　左……85
さ-がる　下……83
さき　先……110
サン　山……42
サン　三……70

し

- シ　子……15
- シ　糸……60
- シ　四……71
- ジ　字……114
- (ジ)　耳……18
- した　下……83
- シチ　七……74
- ジツ　日……50
- ジッ　十……77
- しも　下……83
- シャ　車……62
- シャク　石……47
- シュ　手……19
- ジュウ　十……77
- ジュウ　中……86
- シュツ　出……95
- ジョ　女……23
- ショウ　小……101
- ショウ　正……105
- ショウ　生……111
- ジョウ　上……82
- しら　白……102
- しろ　白……102
- しろ・い　白……102
- シン　森……36
- ジン　人……14

す

- ス　子……15
- スイ　水……44

せ

- セイ　青……103
- セイ　正……105
- セイ　生……111
- セキ　石……47
- セキ　赤……104
- セン　千……79
- セン　先……110
- (セン)　川……45

そ

- ソウ　草……38
- ソウ　早……106
- ソク　足……20
- そら　空……53
- ソン　村……56

た

- た　田……48
- タイ　大……100
- ダイ　大……100
- たけ　竹……37
- た・す　足……20
- だ・す　出……95
- ただ・しい　正……105
- た・つ　立……92
- たま　玉……61
- た・りる　足……20
- ダン　男……22

ち

- ち　千……79
- ちい・さい　小……101
- ちから　力……21
- チク　竹……37
- チュウ　虫……30
- チュウ　中……86
- チョウ　町……57

ま

- まさ　正……105
- まち　町……57
- まな-ぶ　学……112
- まる-い　円……64

み

- み　三……70
- みぎ　右……84
- みず　水……44
- みっ-つ　三……70
- みみ　耳……18
- ミョウ　名……115
- み-る　見……93

む

- む　六……73
- むし　虫……30
- むっ-つ　六……73
- むら　村……56

め

- め　目……17
- (め)　女……23
- メイ　名……115

も

- モク　目……17
- モク　木……34
- もと　本……87
- もり　森……36
- モン　文……116

や

- や　八……75
- やす-む　休……96
- やっ-つ　八……75
- やま　山……42

ゆ

- ユウ　右……84
- ゆう　夕……52

よ

- よ　四……71
- よう　八……75
- よっ-つ　四……71
- よん　四……71

り

- リキ　力……21
- リツ　立……92
- リョク　力……21
- リン　林……35

ろ

- ロク　六……73

むかしのかん字《じ》

（一《いち》年《ねん》生《せい》の80字《じ》）

人

子

口

目

耳

手

足

力

男

女

王

犬

貝

虫

木

林

森

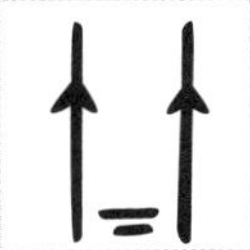
竹

草

花

山

雨

水

川

五

車

空

土

六

金

気

石

七

円

音

田

八

一

村

火

九

二

町

日

十

三

糸

月

百

四

玉

夕

生

小

天

千

学

白

立

上

校

青

見

下

字

赤

入

右

名

正

出

左

文

早

休

中

年

先

大

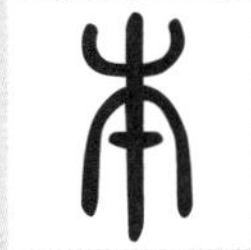
本

☆著者紹介

伊東信夫……いとう・しのぶ

漢字研究家、教育実践者。一九二六年、山形県生まれ。
一九四七年から九一年まで、長く教職にたずさわる。
六〇年代より、研究者と教師の共同研究をもとに、
「漢字」「かな文字」学習の体系化をはじめとする実践的方法論を探究。
つねに子どものまえに立ち、多くの教材を創案してきた。
八〇年代後半より白川文字学に学び、また直接教えを受け、
通時性をもつ豊かな漢字の世界を伝えるために研究をつづける。
著書に『成り立ちで知る 漢字のおもしろ世界』全七巻（スリーエーネットワーク）、
『あいうえおあそび』上下巻、「漢字がたのしくなる本」全シリーズ（共著）、
『漢字はみんな、カルタで学べる』（以上、小社刊）などがある。

金子都美絵……かねこ・つみえ

イラストレーター。民話や神話を題材にした絵画作品を数多く制作。

二〇〇〇年頃より白川静氏に私淑し、古代の漢字世界を描きはじめる。

影絵的な手法で「文字の場面」を表現する独自のスタイルを確立。代表作として
『[白川静の絵本]サイのものがたり』『[白川静の絵本]死者の書』（以上、平凡社）、

『絵で読む漢字のなりたち』『[文字場面集]一字一絵』（以上、小社刊）がある。

書籍・教具の絵の仕事に『漢字がたのしくなる本』（テキスト）全六巻、

『新版 101漢字カルタ』『新版 98部首カルタ』（以上、小社刊）など。

白川静文字学に学ぶ
漢字なりたちブック 1年生［改訂版］

二〇一八年十月十日 初版発行
二〇二四年十一月十日 第七刷発行

著者 伊東信夫
絵 金子都美絵
デザイン 後藤葉子
発行所 株式会社 太郎次郎社エディタス
東京都文京区本郷三-四-三-八階 郵便番号一一三-〇〇三三
電話 〇三（三八一五）〇六〇五 ファックス 〇三（三八一五）〇六九八
http://www.tarojiro.co.jp/ 電子メール tarojiro@tarojiro.co.jp
編集担当 北山理子
組版 滝澤博（四幻社）
印刷・製本 精興社
定価 カバーに表示してあります

ISBN978-4-8118-0571-9 C6081

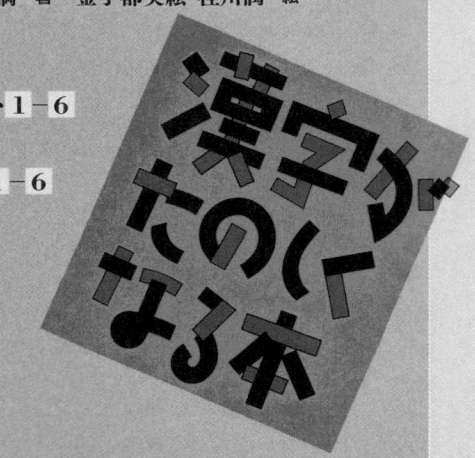

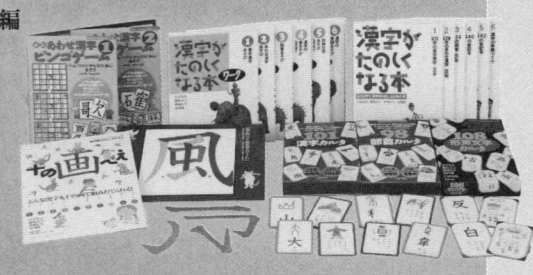